証言　渡米一世の女性たち

明治、大正、昭和——日米の狭間に生きて

アイリーン・スナダ・サラソーン編

南條俊二・田中典子訳

Printed and bound in the United States of America.

PACIFIC BOOKS, PUBLISHERS
P.O. Box 558, Palo Alto, California 94302-0558, U.S.A.

証言　渡米一世の女性たち

はじめに

一八九八年（明治三十一年）から一九二四年（大正十三年）の間に米国に渡った日系移民の歴史を記録するため、一九七三年（昭和四十八年）に「一世の口述による歴史記録プロジェクト理事会」が設置された。理事会のメンバーは、多くの移民が七十歳代、八十歳代（当時）の高齢になっていることから、早急に作業を進める必要性を痛感していた。

（日系人の歴史に関係する）社会科学系のほとんどの学者はこれまで、一世に関心を持たなかった。研究に取り組もうとした人も、言葉や文化の壁にぶつかり、満足な成果を挙げることができなかったが、一世の口述による歴史記録を後世に残したい、という思いは持ち続けた。そうした思いを受ける形で、私たちは「一世の口述による歴史記録プロジェクト」に長い年月をかけて取り組み、日系移民が共有する人生の歩みを事細かに記録し、民俗学などの研究に携わる人々、自分たちの民族のルーツを探ろうとする新世代の日系の人々に、これまで知られることのなかった内容豊かな情報を提供できるようになった。

貴重なインタビューのテープは、サクラメント歴史公文書館（Sacramento History Center Archives）に大切に保管されている。これは、私たちの知る限りでは、日本語による一世に対する聞き取りの記録として現存する最大の規模だ。一世の口述による歴史記録の編者であるアイリーン・スナダ・サラソーン氏に感謝したい。彼女はこのプロジェクトの二冊の本、「The Issei: Portrait of a Pioneer」「Issei Women: Echoes from Another Frontier」を完成させた。後者の本書は「一世の口述による歴史記録プロジェクト」を締めくくる出版物である。

二十年以上も同じ目標に向かって共同作業をする中で、理事会のメンバーの間に長く続く友情が生まれた。メンバー一人ひとりのプロジェクトの成功に尽くした献身と才能、それに多大な貢献を高く評価したい。私たちの成功は、他の方々の支援や協力なしにはあり得なかった。私たちはこのプロジェクトの成し遂げたさまざまな事柄を誇りとし、「一世の方々の無形の財産と米国史における役割」を記録に残す作業に加わる機会を得たことを、心から感謝したい。

オサム・ミヤモト
一世の口述による歴史記録プロジェクト理事会議長
口腔外科医 理学修士 米国歯科医師会会員

感謝を込めて

本書に登場する一世の女性は十一人。私たち「一世の口述による歴史記録プロジェクト・チーム」がインタビューした一世の男女二百人以上の中から、米国で半生を過ごした一世の女性の多くに共通する意識や体験が具体的かつ詳細な記憶をもとに語られていること、出身地が都会あるいは地方に偏っていないこと、などを基準に選んだ。非営利団体「一世の口述による歴史記録プロジェクト理事会」の目的は、一世の人々が存命中に直接、話を聞き、記録することだった。収録した一世の人々のインタビューの量はもちろん、その質においても、とても豊かなものになった、と自負している。

日系人社会の口述歴史編さん事業は、他の学術団体も数回試みたことがあるが、私たちのプロジェクトほど、深くかつ率直なインタビューをしたところはなかった。インタビューは一九七九年（昭和五十四年）まで十年間にわたって、わずかな資金をもとに「献身」と「責任」という貴重な資産を活かし、カリフォルニア州、オレゴン州、ワシントン州、ネバダ州など西海岸在住の一世の人々を対象に行われた。日本語と英語の二か国語のチームで始めたが、録音テープを聞き直したところ、インタビューの質を向上させるために改善が必要になり、インタビューをする際、ヘイハチロウ・タカラベの提案で、一世と個人的なつながりのある地域の人々、特に牧師や親戚に間に入ってもらうことにした。タカラベは日系アメリカ人教会の牧師として尊敬されており、一世から「身内」として受け入れられただけでなく、聞き手として天賦の才能に恵まれていた。相手の立場や思いに配慮し、忍耐強く、礼儀と習慣を守ることで、一世の家族に受け入れられ、信頼できる友、親戚となり、秘密を打ち明ける時に相手が感じる不安や心配を軽くすることができた。

理事会は、プロジェクトの管理・運営にあたって、「日系人社会とともにある」ことを第一にした。活動資金を得ようとする時、学術機関と協力関係をもつことが非常に有効なことは明白だったが、そうした機関が一世の方々から「身内」と見なされないなら、いかに資金が潤沢になっても意味のあるインタビューはできない、と判断し、あえて困難な道を選び、活動費もできる限り節約した。そうしたこともあって、英語への翻訳作業は完了するまでに数年かかった。

本書をまとめている間、支援を続けた「一世の口述による歴史記録プロジェクト理事会」に深く感謝したい。オサム・ミヤモトは、プロジェクトの成果である本書のために資金の大部分を集めることで、理事会議長の責任を果たした。プロジェクト形成期に理事長を務めたアサコ・トクノは何年にもわたり、プロジェクトの軸がずれないようにするという最も困難な仕事を、豊かな知性と気配りをもって成功させた。サブロウ・マスダの助言と大局的な視点は、非常に貴重だった。ジョイス・ホンダは、秘書として組織をまとめてくれた。ミチヨ・レインは、事業運営に必要な経理を専門的に担当してくれた。プロジェクトのディレクターとして、ヘイハチロウ・タカラベは、「一世の口述による歴史記録プロジェクト」のインタビュー取りまとめに関わるいずれの仕事にも、大きな実績を残した。彼は、洞察力と行動力、献身的な行為で、プロジェクトに責任をもって取り組んでくれた。本書を取りまとめる際、様々な段階で原稿を読み、人々をいつも勇気づけ、有益な助言をしてくれた。ハワード・サラソーン、サラ・ケイコ・サラソーン、ディビッド・スナダ、ドクター・ケニス・オーエンズにも感謝したい。様々な段階で原稿を読み、とても重要な感想を提供してくれた。

最後に、一世の女性たちに、心からの深い感謝を捧げたい。彼女たちの生涯を懸けた働きは、アメリカに住む私たち次世代の多くの日系人に、強固で安定した生活基盤を与えてくれた。そして、「一世の口述による歴史記録プロジェクト」による彼女たち本人の生きた言葉の記録によって、アメリカにおける日系人の歴史の中で彼女たちが「パイオニア」として果たした役割が、詳細に明らかにされたのである。

アイリーン・スナダ・サラソーン

注・先に登場する関係者の肩書きはすべて、本書出版時点でのものである。

目次

はじめに 7
感謝を込めて 9
プロローグ――女性たちが幼少期に育った明治の日本は 13
第1章 明治の日本女性、海を渡る 23
第2章 アメリカでの苦難と奮闘の日々 71
第3章 日米開戦、積み上げたものを奪われ、収容所へ 167
第4章 終戦、収容所から出て再びパイオニアに 243
第5章 半生を振り返って 289
訳者あとがき 317

プロローグ

──女性たちが幼少期に育った明治の日本は

本書に出てくる主な地名（アメリカ合衆国西海岸）

出典：『The 一世―パイオニアの肖像』（読売新聞社刊）より

一世の女性たちは、明治時代〈明治元年（一八六八年）から明治四十五年（一九一二年）〉に日本に生まれ、育ち、太平洋を米国へと渡った。「アメリカ西部のパイオニア」を自負している。「一世」は、移民の第一世代を意味するが、アメリカで暮らすうちに、「パイオニア」という重要な要素を兼ね備えるようになったのだ。

一世の女性は、日本で、慎み深く、従順で、女らしく、時には、艶めかしささえ染み出るように、育てられた。すべてを家族と子供に捧げ、家庭という世界に閉じ込められたにもかかわらず、家庭という場所に彼女たちが占めるべき地位はなく、力も機会も、ほとんど与えられることがなかった。成人すると、女性と男性の役割は、はっきりと分けられた。

高齢の一世の女性たちは、控えめな、とても丁寧で優しい話し方をし、従順かつ、きちょうめんで、よく働き、謙虚、といった特質を備えているように思われた。少女時代に受けたしつけによるもので、アメリカへの移住や環境の変化によって和らげられることはあっても、その特質を持ち続けた。あいさつをする時も、アメリカ式の握手をするよりも本能的にお辞儀をしようとし、自分を褒める言葉を口に出すことはめったにない。

だが、一世の女性たちが「私たちは米西部のパイオニアです」と言う時、そこには、何十年にもわたる厳しい労働などで培われた粘り強さ、耐え忍ぶことで困難を克服してきた「自信と誇り」が込められている。彼女たちには、「幌馬車で大平原を横断したアメリカ建国時代のパイオニアに、決してひけをとらない仕事をした」という思いがある。

明治時代の日本で厳しくしつけられて育ち、「慎み深さ」を身上としているはずなのに、自らをパイオニアと言ってはばからない。そのような彼女たちは、どのような女性だったのだろう。

その手がかりが、彼女たちの育った当時の日本と、その生きざまにある。アメリカで人生の円熟期を迎え、時間的なゆとりが出来、感情を自由に表に出せるようになり、分別のある歳になって語った半生の物語は、子供として「明治維新の日本」を十分に学んでいたことを明らかにしている。


明治維新は一八六七年の江戸幕府による大政奉還と、それを受けた天皇親政による王政復古、明治新政府の発足で始まったが、その起源を、一八五三年のマシュー・ペリー提督率いる米海軍東インド艦隊、いわゆる「黒船来航」に象徴される欧米列強の経済的・軍事的進出に対する抵抗運動（攘夷運動）に持つ。

維新は、日本の経済と政治の構造に急激な大変化をもたらしたが、注目されるのは、精神と道徳の活性化と深い関わりをもっていたことだ。この期間の変化が、明治「改革」ではなく、王政「復古」とされるのは、明治維新の最優先事項が、欧米諸国の影響に対抗して、日本が何世紀にもわたって受け継いできた伝統的な強みを維持することだったから、と言えるだろう。

新しい日本のリーダー、主に若いサムライ（特有の倫理観をもつ武士階級）たちは「欧米の技術、科学、貿易が、日本よりも優れている」と確信し、近代化を進めた。その一方で、日本の文化と道徳的価値観については欧米のどの国よりも優れているとの判断から、伝統的な価値観のもとに日本人を再教育する制度改革に手をつけた。

新しいリーダーたちは、これまでの日本社会の基盤をなしていた武士階級を廃止し、徹底した財政改革を行うことで、古い封建的な社会構造を打ち壊した。全国一律の教育提供という教育改革の目標達成には時間がかかったが、それには女子に対する教育の導入も含まれており、一世の女性たちに与えた影響は非常に大きなものとなった。全国一律の教育は「西洋の合理主義と実利主義を教え、明治維新の背景にある価値観を教えるための重要な改革」だったからである。

そうした価値観は、日本に以前からある道徳の精神を反映しており、すべての日本人にサムライの基本的な行動規範を取り入れるように奨励する形で教え込まれた。武士階級が正式に消滅したことで、農民や町民（商工業者）がサムライのもっていた特質や道徳規範を容易に取り込めるようになり、古い階層構造を残しつつ、日本人は、精神においても行動においても皆、〝サムライ〟となった。

農民や町民は即座にサムライの行動規範を取り入れたが、それは封建制度のもとで武士階級よりも下に置かれていた自分たちの地位が上がるように感じられたからだ。茶道、華道、楽器の演奏、能の鑑賞はすべてサムライ階級の特権とされていたが、これらを学ぶことはサムライの価値観を身につけることにも役立った。一八七〇年（明治三年）年以降、農民や町民は、貴族やサムライだけに認められた特権、苗字を名乗ることができるようになった。

明治時代の日本では、社会の最小単位は家族であり、個人ではなかった。一八七一年、新政府は、特権階級の慣習にならって、すべての家族に戸籍を登録させ、家族の結束を強化し、個人が家族の意志に黙って従うように仕向けた。法律的に個人は家族の一員であり、個人は家族内の立場、例えば、相続人である長男、あるいは末娘、長女などと規定された。明治の女性たちは、家族の世話をし、家族が明治の価値体系から外れないように絶えず目を配ることで、精神的な価値観を体現したのだ。

「サムライの価値観の再生」に重点を置いた教育は、女性たちに非常に大きな影響を与えた。日本人は今でも、「明治の女性のようだ」と言うことがあるが、それは、献身的で、強い意志をもち、忍耐強く、自己犠牲を払い、家族に対する勤めを果たす女性から、「明治の女性」を連想するからだ。

サムライの行動規範では、勤勉さと忍耐をもって働くことが重視された。平民はこの倫理的価値観に従って、技能や職業を身につけるために奉公人や見習いとして何年も過ごすことを受け入れた。日本の普遍的な価値観とされた倹約の精神は、もう一つのサムライの行動規範だった。日本人は、「勤勉、忍耐、倹約」という価値観を受け入れ、個人的な楽しみを「必要であれば犠牲にし、次の世代のために取って置く国民」となったのだ。サムライの行動規範を「当然の社会秩序」として信じ、受け入れる行為は、西洋人にとって理解困難だ。すぐには上達できない、と分かっているのに、日本人はなぜ、巧みに、勤勉に、時には芸術的に仕事をしようとするのか。

儒教思想で教育されたサムライは「調和のとれた社会」という考え方を受け入れた。そこでは、個々人がそれぞれの使命を果たすために、「与えられた場で勤勉に働く」のを当然のこととする階級制度が強調された。勤勉に、忍耐強く、誠実に働くことで得られる「最善を尽くした」という大きな満足感が、地上で得られる報酬であり、日本人にとっては、それで十分だったのだろう。このようなサムライの教義が普通の人々にいかに受け入れられ、尊重されていたか。それを日系移民の回想を通じて知ることができるだろう。

日々の仕事で、精神の成長に向けた最も小さな仕事が、結局は国民全体の幸せにつながる――という自然な階級社会に対する信頼と、全体的なつながりの中で自分自身を見る能力が、一人ひとりの日本人に精神的な使命感を与えた。この卓越した使命感は、副産物として進歩と上昇志向さえも生み出したようだが、それは、日本人生来のものとは見なされなかった。

日本は何世紀も前から仏教を受け入れてきた。輪廻転生への信仰は、当然なものとしての階級制度の発想と、たやすく結びつけて考えられる。キリスト教は明治時代を通じて大きな関心を集めた。明治政府が公立学校の急増設を補うために、一時的にミッションスクールの開設を奨励したからだ。そして大学を含めたミッションスクールは新しい公立学校のモデルとなった。公立学校は、西洋の合理主義と実利主義を受け入れる一方で、道徳教育では儒教を重視し、実用的な知識とともに精神的、文化的な考え方の教え手となった。

だが、多くの大衆はなおもキリスト教を受け入れようとせず、仏教から離れる人々に対して激しい偏見を示した。キリスト教に改宗した人々は、寺や神社への参拝を続けることで先祖の思い出を大切にすることがあったが、これはキリスト教への帰依が足りないのではなく、意味のある「つながり」を確実にするために、「先祖たちと自分たちの今、未来を一体なもの」にすることが、日本人には必要だったからだ。

明治の日本では、ほとんどの家庭に神棚があり、毎日、先祖に手を合わせていた。一人ひとりの行為が家族の名誉にとってプラスかマイナスかで計られる社会では、日々の儀式は、個人にとって必要かどうかよりも家族への義務を優先し、「個人が求めるものは、常に共同体にとっての善、時には歴史的な善につながるものでなければならない」ということをいつも思い起こさせた。

そして何よりも、サムライの行動規範は、主君に対する絶対的な忠誠と名誉を守る勇気を基礎に置いていた。（士農工商の階級社会で）農民や商工業者など「平民」は、何世紀にもわたって封建領主の支配のもとで生きてきた。このため、（明治維新で）領主に対して持っていた忠誠心を天皇に移すことはそれほど難しくなかった。国民の精神的な父である天皇を崇敬することは、自分の先祖に対する尊敬と同じように、日本人の生活にとって絶対的なものだった。

日本は明治維新のもとで、経済と政治の分野で大胆な近代化を進める一方、サムライの行動規範を人々の日常生活にうまく取り入れた。学校では、修身、音楽、茶道、舞踊、書道、園芸、剣道などを教えたが、それは（教養を身につけさせることだけが目的でなく）、忍耐、勤勉、金銭の節約、作法、時間の用い方、家族への義務、謙遜、試練の必要などの価値観を身につけさせるためでもあった。生活のどの場面においても、明治維新の道徳的価値が重視されていたようだ。

一世の女性たちの回想は、こうした教育が人々の生活に広く影響を与えたことを具体的に証明している。次の世代の人々のために揺るぎない土台を築いていった彼女たちの、そうした生きざまが、歳月を越えて語り継がれていく……。

第1章
明治の日本女性、海を渡る

●アメリカに行きたくて結婚した

オナツ・アキヤマ

広島生まれの一世、オナツ・アキヤマは、西暦と日本の年号を無意識に使いながら彼女の人生を語った。一九〇〇年（明治三十三年）九月十日生まれで、インタビューした時点で日本を離れて数十年経ち、何千マイルも離れたアメリカで七十七歳になっていた彼女には、子供のときに深くしみ込んだ伝統的な美徳が保たれていた。だが、彼女ほど「冒険者」と言われるのにふさわしい人はいないだろう。冒険者としての彼女の人生は、女学校を終え、両親の承諾を得ずに神戸に移り住んだことから始まった。

「今を逃すと…」、手相の占いが縁談に結びつく

神戸に来て九か月ほどたった時、占い師に手相を見てもらいました。すると、「面白いことがあるもんだねえ。あなたはずっと前に外国に行くべきだったんですよ」と言われたのです。縁談を何度も断ってきたことを説明すると、「もう一つ縁談がある。これを断ると、二度とチャンスはない」というのが、占いの結果でした。占いの通り、二か月後に広島の

実家に戻って間もなく、後に夫となる人がアメリカから帰国し、仲人を介して、縁談が持ち込まれました。でも、結婚なんてしたくなかった。結婚生活はとても大変だ、と聞いていましたから。

結婚は子供を生むことと同義で、明治の女性にとって、必ず守らねばならないことだった。嫁になることで、日々の生活に厳しい気遣いが求められた。結婚はイエ同士の結びつきであり、花嫁は夫の家族と同居した。家庭をとりしきるのは夫の母、つまり姑で、たいていは、義理の娘となる嫁に暴君のように指図をし、小言を言った。夫婦の間にロマンチックな感情はなく、コミュニケーションもほとんどなかった。夫は「妻の立場を精神的に理解しサポートするような分別」はほとんどなかった。夫はまず第一に、子としての義務を親に果たすことが求められたのだ。だが、わがままな姑の気まぐれにいつも黙って従っているオナツなど想像しにくい。

堅苦しい日本の暮らしを続けるのが嫌で

私は、両親に「結婚したくありません」と言い、この縁談も断ろうとしました。周りの女性たちは十六歳か十七歳で結婚するのが普通なのに、私は間もなく二十一歳。近所の人は「『ヨコサミセ』の娘は、男の子のようだね」と言って笑いものにしていました。「ヨコサミセ」というのは私の家の店の名前です。

家はかなり恵まれた生活をしていました。縁談も、かなり裕福な家庭から、いくつも持ち込まれました。

そうした金持ちの家の暮らしはとても堅苦しいものでしたし、「義理」を重んじる人間関係も、とてもやっかいでした。それでも、アキヤマ家との縁談に、新しい体験の可能性を感じました。「結婚して、アメリカに行くことができる」というのはとても魅力的でした。伝統的な窮屈な家族関係から抜け出すことができる、と感じたからです。私が住んでいた町では蚕を飼って絹を作っていましたが、とてもつまらない仕事に見えました。そのことを考えると、町での暮らしを続けるのが嫌で、「アメリカに行けたらなあ、今の退屈な環境から逃げ出せたらなあ」と以前から思っていたのです。

夫になるアキヤマさんは大男だ、と皆が言っていました。弟も「姉さん、六フィート（百八十三センチ）もある人と結婚するのかい」と聞いたほど。それで彼のことを弟と話すのは、とても恥ずかしかった。ある日、彼がやってきましたが、本当に大男でした。入口のドアのところで頭を下げなければならなかったのです。それから一緒に二階の部屋まで行きました。私はとても太っていたので、階段を上りきる前に息が切れそうでした。

お見合いの席で、私は「縁談を進めてほしい」と彼に伝えようとしました。当時は、そのようなことを口に出すのはエチケットに反すること、とされていたので、彼にお茶を入れながら、私の思いが伝わるように、彼の膝に触れました。それ以外に、お互いにどう思っているかを伝えるチャンスはなかったのです。

「アメリカに行ってまで…」と反対する父母を説き伏せた

夫がその時、どう感じたかは分かりません。翌日は仕事がある、と言うことでしたが、このまま別れて、自分の将来を他人の手に任せるのは嫌でした。一緒にアメリカに行く気があることを、何とか伝えたいと思いました。家から彼の村に帰る道は、一般道と近道の二本あり、一般道のほうで彼を捕まえようと待っていたのですが、彼は近道を行ったようで、話すチャンスを逃してしまいました。

お見合いの後で、家で問題が起きました。両親が、一人娘の私をアメリカに行かせるのに反対したのです。母はアキヤマのことを詳しく確かめようと、家から三里半（約十四キロ）離れたオノ町のノブソさんに会いに出かけました。彼も未来の夫になるアキヤマと一緒に帰国していたのです。母は三回もノブソさんに会いに行ったのですがいつも留守。ようやくノブソさんの家族に会って話を聞くと、アキヤマの父は三千ドル相当の財産を持っており、息子が結婚すれば、新しい事業か何か始めるだろう、ということでした。ノブソさんご夫妻は他界されていますが、お子さんたちはいまでもここ（カリフォルニア州サクラメント）に住んでおられます。ノブソさんとご家族にはお世話になり、感謝しています。

当時の日本では、結婚の仲立ちをしてもらう、というような恩を受けると、夫婦は死ぬまでお礼をすることを求められた、という。オナツの場合、ノブソ夫妻に恩義を感じていたので、いつも夫妻の子供たちに恩返しをしてきた。

それから間もなく、アキヤマが日本に長く滞在しないことを知って、とても心配になりました。しばらくして、やっと仲人が結婚の申し込みを伝えに来てくれたのですが、厳しい試練が続きました。父は「アメリカに行ってまで結婚する必要はない」と否定的で、「俺がこの村で良い相手を探す」とまで言ったのです。つらい思いをしましたが、アキヤマは「お父さんが大事にされておられるお嬢さんに、経済的な心配はおかけしません」と熱心に説得し、十一日かかってようやく、父が結婚の契約にサインしたのでした。

それでも、娘をアメリカに行かせたくない、という父の気持ちは強く、つらさを紛らわすためにお酒を毎日、何本も飲むようになりました。結婚式を挙げ、船が出る九日前に夫と一緒に神戸に行きました。早めに神戸に行ったのは、父が心変わりしてアメリカ行きを止めるかもしれない、と思ったからです。母の方がずっと対応が楽でした。「娘は結婚したのだ」という事実を受け入れてくれたのでしょう。それでも、自分が選んだことするために勇敢でなければなりませんでした。

買ってくれたのは顔に塗るクリームと靴下

横浜港まで行き、健康診断、ビザの取得、船での出港など必要な手続きを済ませました。私たちは横浜から外れたところにある宿屋に落ち着きました。当時はまだ、彼がほんのわずかのお金しか持っていないことを知らなかった。彼は「町には出かけたくない」と言って、一日中寝ていたり、ウイスキーに酔って寝ているふりをしていました。

後で分かったのですが、本当は、私を連れ出すお金を持っていなかったのです。彼もとてもつらかった、と思いますよ。夫は、その後も数日、風邪をひいたふりをしてベッドに寝ていました。外出したら、私のために何か買わなければならなかったでしょうから。買ってくれたのは、顔に塗るクリームと靴下でした。記念に第二次世界大戦の時まで持っていました。私は、とても甘やかされて育ったので、後でたいへん苦労しました。

でも、夫はとても良い人で、私の実家の兄が破産した時、沢山のお金を送ってくれたのです。私の父は、「できることなら、アメリカまで歩いて行ってお前の夫にお礼を言いたい」とよく言っていました。

私と結婚する前、夫は彼の父親の四十エーカーのブドウ農場で真夜中まで働き、仕事が終わると、フローリンの町に父親を迎えに行きました。料理屋で酔っ払って、帽子や服や靴、持ち物を散らかし放題の父親を介抱して家に連れ帰ると、次の日の午前二時。父親はそれから太鼓をたたき、さらに酒を飲みました。それでも夫はブドウ農場の仕事をするために、朝早く起きなければならなかった。日系のある新聞が「親孝行青年」の記事を書きましたが、そのような夫の日常生活を取材したのでしょう。

フローリン（カリフォルニア州サクラメントの南に位置する小さな農業コミュニティで、多くの日本人移民が住んでいた）の日本人会の会長だったニシさんが、私が結婚前に日本にいる時、記事を見せてくれたので、そのことを知りました。一時帰国したニシさんがたまたま実家の店に寄り、新聞に載っている有名な若者の話をしたのです。ニシさんは「模範的な青年のアキヤマさんの記事を読んでとても感動したよ。アキヤマさんが日本に帰国されているそうだ。姪を会わせたいので京都から連れてくるつもりだ」と言っていました。その時は、アキヤマに合うチャンスを逃してしまい、残念に思っていましたが、誰も運命を知ることはできませんね。予想外のことが起こるものです。

●小学校で教え、「結婚が大事」ではなかったが

テイコ・トミタ

大家族の中で、テイコは自立心の強い女性に育った。高校教師になるという目標に向けて青春のエネルギーを注ぎ、家を出て奈良高等師範学校に進学するところまでいったが、病気の母の面倒を見るために軌道修正を余儀なくされた。自宅から通学できる大阪の天王寺女子師範学校に移り、卒業後、村会議員だった父親の勧めで近くの村の小学校の教員となり、約四年間教えた。両親は娘の結婚の可能性について心配したが、テイコは、当時のほとんどの日本女性と違って、「結婚することが人生の大事」とは考えていなかった。

子供たちを教え続け、結婚しなかったとしても、決して後悔することはなかったと思います。しかし、両親は「女は結婚するもの」と思っていました。私はすでに二十四歳。婚期を少し過ぎていましたが、両親の考えは正しいと思ったので、言われたことに従ったのです。ちょうどそのころ縁談が持ち込まれました。両親がお見合いを決めました。当時

は、結婚相手はお見合いで決めるもので、結婚前にお付き合いすることもありませんでした。同僚の男の先生を大勢知っていましたが、デートをするなど、問題外でした。

「大農場を持つ」という相手の写真一枚で…

それで、親戚の一人が仲人になって私たちを引き合わせました。その人は姉夫婦の仲人も務めており、実家とトミタ家の両方の友人でした。仲人は父に言いました。「トミタさんはアメリカにおられて、これこれの人です。テイコさんのお婿さんにどうでしょうか」。トミタ家は遠い親戚でした。仲人は父に、婿候補が兄の援助でアメリカに行ったこと、兄は、ワパト（ワシントン州）で農業をしていること、干し草や他の穀物用に数百エーカーの土地を所有していることなどを説明し、私には、その人が「三十歳で、花嫁を探している」ということを教え、彼の写真を見せてくれました。

縁談の結論がでるまで約十か月かかりました。私がもらったのは夫になるはずの人の写真一枚だけ。文通をするように言われました。夫は結婚前に帰国しましたが、事実上の「写真結婚」といえると思います。

彼女が平均的な写真花嫁よりも、結婚相手について不安が少なかったのは明らかだ。平均的な写真花嫁は渡米するまで夫に会う機会がなかった。見合い結婚がしきたりであった社会で、写真結婚は実際に行われている社会慣習の延長にすぎなかった、とも言える。実際、ほとんどの日本人移民の女性は写真花嫁だった。アメリカで待っていた夫になるはずの男性が写真と違うケースもあり、問題もかなり起きた。若い頃に撮った写真や本人よりハンサムな他人の写真を日本の花嫁に送ることもあったからだ。

両親も祖父母も、とても喜んでいました。仲人が「トミタ青年はアメリカで大きな農場を持っていて、成功しています。彼のお兄さんが彼を手伝う必要もなくなり、日本に帰国できるほどです。本人も三年後にまた帰国する、と言っています」と言いました。仲人のこの言葉を思い出すたびに、私は日本を発つ前に母と祖母が言ったことを思い出します。「たとえ五年かかったとしても、日本に帰って来ることができれば、テイコは幸せだね」と。笑ってしまいますね。実際は、一度も帰国しなかったのですから。

―一世の男たちは、日本を離れることを嫌わない女性でなければ妻に迎えることができず、当時の日本の基準で最も「ふさわしい」と思われる女性は妻として迎えることができなかった。男の側も当時の平均的な結婚年齢を過ぎていることが多く、妻も適齢期を過ぎた人を選ぶことが多かった。皮肉なことに、高い教育を受けた女性は、当時の日本では「妻として望ましくない」とみなされる傾向が強く、テイコのようなケースもあった。大部分の一世の男性には帰国できるだけの資金がなかったため、「写真結婚」の習慣が出来上がった。欧米人は、相手のことを知らずに結婚するという考えに、時には嫌悪感を覚えたようだが、日本で確立されていた結婚の慣習をわずかに変更したにすぎなかった。良縁の条件として恋愛は含まれていなかったのだ。外国に移住するような急激な変化を伴う結婚には当時でも、結婚相手の女性の同意が必要だったが、アメリカに着くまで夫に会うことがないということは、欧米人が考えるほど、日本の女性には抵抗感がなかった。それと言うのも、当時の日本では、花嫁と花婿がお互いに深く知り合う機会がほとんどなかったからだ。

三等船室に「写真花嫁」が詰め込まれて

私の場合は、結婚前に夫と手紙のやりとりをしていたので、結婚してアメリカに住むようになって、とくに驚くこともがっかりすることもありませんでした。日本で十月に結婚式を挙げ、翌年の二月にアメリカに来ましたが、その間にも夫をさらに知ることができました。夫は、頼りになる農民そのもの。性格は父に似ていました。必要な時だけ話す、非常に言葉数の少ない静かな人でした。話し方は不器用でしたけれど、事前の手紙のやりとりで、彼の考えていることは一緒に住む前から分かっていました。結婚して日本にいる間は、買い物をしたり、気晴らしをしたり、ちょっとした観光もしました。彼の親戚のところにも行きました。

アメリカに発つ時、母は横浜まで来てくれて、そこで「さよなら」を言ったのですが、ずっと泣いていました。それが母を見た最後でした。母は、私がアメリカに来て一年後に亡くなったのです。

私たちは、マニラ丸という古い、汚い船で横浜を出港しました。大部分の移民と同じように三等船室。男女別々の二段ベッドでした。家では、いつも清潔にしているように育てられていたので、ノミのいる部屋、普通ならとても食べることができないような食事、それに船酔いがつらかった。海は大荒れで、夫も船酔いに苦しみました。

船室には大勢の写真花嫁がいました。学校のことや日本を出る時に起こったことなどをよく話しました。ほとんどの女性が夫になるべき人に会ったことがなく、「カナダに行くんです。港に着いたら、夫になる人が迎えに来ているはず」と言う人もいました。

アメリカに着いた時、不安でした。私たちのようにアメリカが初めての日本人は、入国管理局に拘留されたのです。泣いたことを今でも覚えています。彼らがしたことを正確に全部覚えているわけではありませんが、身体検査を徹底的にされ、お小水の検査もありました。三日で入国管理局を出られた人もいるし、二，三週間そのままの人もいました。残されたのは女性ばかりで、私たちは皆、泣いていました。言葉もわからないし、出された三度の食事も私たちの口には合いません。売店もありましたが、誰もお金を持っていないので何も買うことができません。私はいくらかの日本の小銭を持っていたかもしれませんが、役に立ちませんでした。いつそこを出られるのか分からなかったし、話しかけられても理解できず、みんな泣いてばかりでした。

●渡米してすぐ、キリスト教の洗礼を受けた

シズ・ハヤカワ

シズは九州の福岡県で一八九九年（明治三十二年）に生まれた。家が貧しかったので学校の友達とよく遊ぶこともできなかった。自宅も酪農場も山のふもとにあり、八歳

の時から毎朝、登校前に山道を歩いて牛乳を配達し、午後の授業が終わって帰宅すると、また山道を通って牛乳を配達。帰宅する頃にはすでに辺りは暗くなっていた。シズはそうした苦労を文句もいわずに受け入れた。明治の子供が学んだ我慢の精神は、一世の女性の典型的な著しい特徴となった。母が死んだ時、シズの父はあらゆる仕事をして九人の子供たちの面倒を見なければならなくなった。

私が大きくなってから、父は腸のがんにかかりました。当時がんになると、「百人のうち生き残るのは、たった三人」と言われていましたが、お医者さんは生存する可能性に賭けて、がんを切除する手術をしました。手術は成功し、父は私が結婚してアメリカに来た時もまだ生きていました。アメリカに来たがっていたのですが、その希望はかないませんでした。私が日本を出てから三か月後に亡くなったのです。

シズの新しい人生は結婚と渡米から始まった。不安を感じることも時々あったが、この機会を「外の活動に参加できる興味深い経験」と受け止めたようだ。

相手は父の再婚相手の弟、十六歳も年上

一九一九年の三月にアメリカに来ました。「写真結婚」でした。父は夫の姉と再婚していたので、夫のことも知っていたのです。十七歳の時に婚約し、夫になるハヤカワに手紙を書きました。二年後に日本で夫の代理の人と結婚式を挙げ、サンフランシスコに来た時には二十歳になっていました。アメリカに来る一年半前に入籍していました。日本の法律ではアメリカへ移住する許可を取るために、半年以上も前に正式に結婚していなければならなかったのです。

日本を出る時、「はるか遠くまで行くのだ」ということは分かっていたけれど、周りの人は皆、「勇気がありますね」と驚いていました。コリア丸という船に乗って、長崎からアメリカまで一か月かかりました。日本を発つ前に横浜でビザを取得し、必要な健康診断を受けました。横浜のホテルも旅館も一人で泊まったので、とても寂しかったし、行ったこともない、知っている人が誰もいない所に行くのも、とっても怖かった。

船はハワイで一日、停泊しました。沢山の写真花嫁が乗船しており、「二度とハワイを見ることができるかどうか分からない」ということで、皆で下船しました。全員が着物姿で、背筋を伸ばしてしゃんしゃんと歩いてレストランに行きました。おいしいすき焼きを食べました。花嫁たちは皆、とても魅力的で若かった。二十歳かそこいらだったと思いま

す。待っている夫がどんな人物か知っている人は誰もいなかったけれど、未来の夫のことを話し合い、楽しい時を過ごしました。それにしても、皆、本当に若かったですね。

乗船しているのはほとんどが写真花嫁でしたが、再渡航の人もいました。中には子供を養えなくて日本の親戚に預けてアメリカに戻る夫婦もいました。両親から呼ばれて渡米する若者もかなり沢山いて、写真花嫁によく話しかけました。「十五や十六も年上のおじさんと結婚するくらいなら、俺たちと一緒にならないか」などと言ったので、色々な問題が起きてしまった。でも、私も含めてほとんどの写真花嫁は、両親の決めた約束に従いました。

私の夫は十六歳も年上でした。夫が自分に合っているかどうかなんて考えてもみなかった。日本では両親が結婚を決める習慣でしたから、親の言うことに従うしかありませんでした。

アメリカに着いて、まずサンフランシスコ湾にあるエンジェルアイランドに上陸しました。入国管理局があったのです。そこに着いたときはちょっと怖かった。アジアからの移民の入国手続きがそこで行われており、私たちは全員、健康診断を受けなければなりません。日本を発つ前に十二指腸虫やトラコーマなどの検査を受けてパスしていましたが、ここでまた検査です。ところが、上陸した日は入国管理局がお休みで、その後もあれやこれやあって、全部終わるまでに一週間かかってしまいました。

日系の人々が助けてくれた

局の施設に留め置かれている間に、日本でしていたようにお風呂に入りました。浴槽の外で体を洗ってから湯に浸かったら、至るところ水浸しになって大変なことに。浴室は二階にあり、お湯が下の事務所まで落ちてしまい、大騒ぎになりました。周りを海と有刺鉄線に囲まれ、日本とはあまりにも生活様式が違うので、写真花嫁はしばしばパニック状態になりました。その中で救いは、入国管理局で働いていたテラザワ牧師の奥さんが、私たちを励ましてくれたことでした。局の施設を出た後も亡くなられるまで、ずっと私たち写真花嫁の世話をしてくれました。

夫も会いに来てくれたのですが、すぐに私を見つけられず、同じ船に乗っていた再渡航の人たちの助けで、やっと会えました。あまり話はしなかったけれど、夫が持ってきてくれたお寿司はありがたかったです。ミズノ夫人が作ってくれたもので、彼女は今もこのサンホセで豆腐屋をしていますが、当時は寿司がおいしいので有名でした。横浜を出てから十日以上の長旅の間、ごはんを十分に食べられなかったので、おいしいお寿司を食べることができて皆、大喜びでした。

エンジェルアイランドでのつらい生活を終えて、出発の準備をしました。着物を着るのには注意しました。着ているところを見られるだけで、ほとんど罪のようにみなされたのです。私たちは、外から見られないように、しっかりと覆われた車に急いで乗せられて、「日米物産」に向かいました。そこで着物や下駄を脱がされ、洋服と靴が支給されました。平べったい下駄に慣れていたので、かかとの高い靴で歩くのに苦労しました。今ではアメリカ人も日本の草履を履いたりしていますが、当時は誰一人として履いていませんでした。

サンフランシスコの長老派教会で結婚

服装以外にも、新しい経験をしました。私は家が仏教徒だったので、キリスト教について聞いたことはあっても、教会には「邪宗の集まりには関わらないように」と注意され、行ったことがなかったのですが、夫は一九一四年にサンフランシスコの長老派教会で洗礼を受けていました。私もアメリカに来てすぐ、同じ教会で結婚式を挙げました。そうすることが正しいと思ったのです。

写真結婚の場合、たいていの花嫁はアメリカに着くとすぐ、夫に農場に連れて行かれ、生活を始めたため、きちんと式をあげる時間もなかったのですが、私たちサンフランシスコに来た写真花嫁は違いました。日系人会のリーダーだったタカヤマさんとアビコさんのおかげで、よく面倒をみてもらったのです。私は結婚式までの十日間、「ヤング・ウーマン・グループ」に泊めていただき、その間にノザ夫人が洋式トイレの使い方など、実生活に必要なことをいろいろ教えてくれました。

教会の皆さんも、とても親切にしてくれました。結婚式の準備を手伝ってくださった女性がいました。私を妹のようにして世話を焼いてくださり、とても思いやりのある方で、「クリスチャンは素晴らしい」と感動したものです。

シズの生活は劇的に変化した。明治時代のしつけと教えは、ある時は新生活と大きな摩擦を起こしたものの、ある時には日本から何千マイルも隔たった土地での生活に役立った。

●あまりの年の差に抵抗したが……

カツノ・フジモト

私は尋常小学校、高等小学校にそれぞれ四年間通い、さらに補習科に二年行って、社会に出るのに必要な作法、裁縫、生け花を学びました。両親は私たち子どもを心から可愛がってくれる善人でした。必要なものは何でも与えてくれました。父は出張もよくしたし、新しいことを知るのが大好きで、新しい考え方をしたり、海外に行ったり、新しい空気を吸ったりするのは正しいことだ、と信じていました。母は「女の子に教育はあまり必要ない」という考えでしたが、父は「女の子でも社会で成功するには一生懸命勉強しなければならない」と考え、「受けられる教育はすべて受けるべきだ」といつも言っていました。

日本の伝統的な見合いの慣習と、新しい考えや機会、そして旅を大事にする考え方を結びつけるようにして、カツノの両親は娘のために、アメリカ移民の男性との縁談を進めた。

両親が進めた縁談、相手は二十三歳も年上の人

日本で結婚生活を送ることはありませんでした。「写真花嫁」としてアメリカに渡ったのです。用意万端してくれる仲人がいて、互いの写真を交換しました。式の準備はすべて慣習通りに進められ、私は子ども扱い。相談されることはほとんどありませんでした。縁談がまとまるまで時間がかかりましたが、いったん結納が交わされると、結婚式はほんの

形だけで、あっという間に終わりました。

相手が二十三歳も年上だ、ということを仲人から知らされたのは、結納を交わした後でした。叔父は「年の差がありすぎる」と結婚に反対しましたが、母は「妹の結婚にも影響するから断れません。断れば家の恥になります」と予定通り進めようとしました。女性の教育には進歩的な態度を取っていた父も、この問題では慣習に強くとらわれていて、応援してくれません。

大阪に行って看護婦になろうと考えたり、果ては、自殺を考えたりしましたが、いつも誰かの視線を感じ、行動に出ることはできなかった。その時に、突然、夫になる人が、何の前触れもなく、日本に一時帰国したのです。仲人が私を、彼のところに連れて行きました。母も助けてくれず、二日間、泣きどうしでした。でも結局、彼とアメリカに渡ったのです。

●「兄を心配する母のため」がきっかけ

ヒサヨ・ハナト

一八九九年（明治三十二年）四月五日に広島県で生まれました。私の町には産業と言えるものが無く、大勢の人がハワイやアメリカに働きに出ていて、兄たちも一人はアメリカ本土で、もう一人はハワイで働いており、私も「アメリカに行きたい」と思ったのです。

ある時、アメリカにいる兄が病気になりました。母がとても心配したので、「自分が渡米して兄の面倒をみれば、母の気持ちも落ち着くのではないか」と考えました。夫となる人が結婚相手を探しに帰国したのは、「写真花嫁」の時代がほぼ終わろうとしていた頃でした。当時の結婚の仕方は今と違います。「プロポーズ」してくれた何人かとデートして相手を決めたい」と思いましたが、当時は許されませんでした。夫になる人に初めて会った時、気持ちが動くことはなかったです。十五歳も年上でしたし。縁談は、「ロマンチックな気分で」というよりは、むしろ現実的な判断で進められました。私の意志とは関係なく、両方の親が賛成して結婚がまとまったのです。

●豪華船室で渡米の旅にうっとりしたが…

セツ・ヨシハシ

セツ・ヨシハシ（旧姓マツイ）は一八九五年に秋田で生まれた。父は貴族の家系で、県庁に勤めていた。秋田の風習で、幼い時に、長男と娘一人だけを残して子供たちは全員、家から出され、親戚などに預けられた。セツも例外ではなかったが、預けられた叔母の家は農家で、裕福ではなかった。さらに十三歳の時に、東京にいた叔父のところに呼び寄せられたが、女学校に行くために秋田から上京した人は誰もいなかったので、皆にうらやましがられた、という。叔父は軍人で、その妻も気難しく、東京での生活はとてもつらかった。女学校は卒業したが、家で学ぶ時間が全くなく、実際的な能力は身につかなかった。

「弟に日本人の妻が欲しい」と持ち込まれた縁談

渡米の話は、ある人が、アメリカにいる弟のお嫁さんを熱心に探していたことから始まりました。その人が「自分の弟は白人と結婚して欲しくない」と思ってのことです。弟は三十一歳で、相手にふさわしい女性もたくさんいたのですが、「誰でもいいから結婚したい」のではなく、「農家出身の女性は嫌だ、もっと良い家庭の女性がいい」と思っている、ということでした。彼の兄は弟が気に入りそうな何人かの女性の親のところに話を持っていったのですが、「申し訳ありませんが、娘をそんなに遠い国に嫁がせたくありません」と断られていました。

私たちのところにも、この話が持ち込まれました。叔父たちはこの縁談に反対でしたが、他の親戚が「アメリカでの生活は素晴らしいに違いない」と言って、強いプレッシャーをかけたのです。それまでの私は、当時の普通の娘と同じように、面倒をみてくれた叔母から何か言われれば、不満があっても従ってきました。それに、この縁談が持ち込まれるまで、人生について深く真剣に考えたことなど一度もなく、自分自身でそのような重要な決断をすることはできませんでした。深く考える冷静沈着さも欠けていたのです。

叔父は、そのような私に、「行きたくないなら『行きたくない』と言えばいい。慎重に考えなければならないよ」と注意してくれたのですが、結局、夫と結婚し、アメリカに来ました。今では、私の歩むべき道が用意されていた、と思います。運命が、私をアメリカに導いたのでしょう。

夫の兄の妻、つまり義理の姉は私の実の母の妹でした。それで義兄は私たちの結婚で叔父にもなりました。義兄夫婦はとても親切で、よく面倒をみてくれました。彼らは私を自宅に住まわせ、弟の妻として受け入れてくれました。というのも、私は、女学校を卒業する前に夫のヨシハシの籍に入り、ヨシハシの家から高校に通ったのです。

ヨシハシの家での生活は「素晴らしかった」の一言に尽きます。皆さん最高に素晴らしい方ばかりでした。義兄は立派な軍人でしたが、お酒は飲みませんでした。誠実で正直な家族に連なることができてとても誇りに思っています。夫は非常に厳格な人でした。ヨシハシ家は十三代にわたって、誰もお酒を飲みませんでした。日本では、とても珍しいことですね。私の子供たちも、ビールさえ飲みません。ヨシハシ家はまじめで正直な家族です。そのような家庭に受け入れてもらえて、とても感謝しています。

一等船室の切符が送られてきた

義兄夫婦には一年半世話になりました。彼らが決めることは、私にとって一番よいことだと思っていたので、その後のアメリカでの将来を心配しませんでした。でも、渡米する前に少しトラブルがありました。実家の叔父が「夫になる人が直接、こちらに会いに来なければ、結婚は難しくなる」と言ったのです。夫は手紙で「ハリウッドでクリーニング屋をしているので、仕事を放り出して日本に行くことはできません」と説明し、叔父は「一等船室のチケットを送ってくれるなら、セツをアメリカに行かせてもいい」と条件を出し、合意が成立しました。そういうわけで、私は日本丸の一等船室の乗客として、堂々とアメリカにやってきたわけです。

出発前に、健康診断を受けに横浜に数回行く必要がありました。私が住んでいた地区の責任者は規則にとても厳しく、外務省の調査官が自宅に来て、義兄にあれこれと質問をしました。英語を習いにも行かされました。学校で英語を習ったのですが、しっかり勉強していなかったので。義姉は料理を教えてくれようとしました。ある日ごはんを炊いたのですが、生でした。「セツ、お料理もできないのに、一体どうやってアメリカで生活するの」とあきれ果て、教えるのをあきらめて、外へ遊びに行かせてくれました。彼女は私の前途をとても不安に思ったでしょう。

一流の人々と友達付き合い

横浜を出港する時、大勢の人が見送りに来てくれました。写真を撮っておけば良かった。いとこやお役人や…本当に大勢の人が見送りに来てくれたのです。一人旅でしたけれども、実家の叔父が親しくしている軍人が乗船していました。アメリカ経由でイギリスに行き、そこで日本公使館に勤務する予定で、同じ秋田の出身。私の面倒をみてくれるように叔父が頼んでくれていたのです。

船の旅は、来る日も来る日も目にするのは海ばかり。それでも船での生活はとても楽しかったです。一等船室だったので待遇がとても良かった。山口県から来た図書館長、日本公使館の館員など七人ほどが乗っており、他の乗客とも友達になりました。船での生活は私の人生で最良の時でした。一日だけハワイに上陸し、海岸のそばの美しいレストランで食事をし、「何て素晴らしいの」とうっとりしてしまいました。

船のディナーはいつも船長のテーブル。船長の両隣は女性というルールに従って、着物姿の私が船長の右隣り、同室のオノさんは左隣りに座りました。残りの一等船室の乗客は私たちを囲む形で席につきました。デザートは毎日、アイスクリーム。これには少々、飽きてしまいましたが。いずれにしても、船の生活は贅沢そのもので、とても楽しかった。

楽しい船旅を終えて、アメリカに着きました。初めてのアメリカを見て、すっかり心を奪われてしまいました。上陸すると、エンジェルアイランドの入国管理局に送られましたが、一等船室の乗客は特別待遇で、拘束されることもなく、上陸した日の晩に自由になれました。面倒な手続きもありませんでした。入国管理局で働いていた日本人牧師の奥さまが公衆衛生やその他の必要なことを教えてくれました。

セツの人生は結婚してヨシハシ家の一員になってから劇的に変化した。彼女は夫の兄の家での一年半を「すばらしい時」と表現した。アメリカへの航海は人生で「最高の時」であり、アメリカで待っている夫が「幸せがこれからも続く」と約束してくれるように思われた。

●ともにキリスト教を信じ、心豊かな夫婦生活

キヨ・ミヤケ

キヨ・ミヤケの子供時代は、セツ・ヨシハシの「拒絶と批判」に満ちたものとは極めて対照的だった。一八九八年（明治三十一年）に札幌で生まれたキヨ・ミヤケは安定した家庭生活、といつも励ましてくれる両親に恵まれていた。父はプロテスタントの牧師。カリフォルニアから来た日本人の親戚の寄付金を元に北海道に土地を買い、農場を開き、キリスト教に改宗した人たちを招いた。キヨは、米国の長老派教会が創設した大阪のウヰルミナ女学校（現在の大阪女学院）に進学し、四年間の寮生活を送った。

牧師の父、献身的な母、キリスト教の学校で学ぶ

楽しい時間がたくさんあったことを覚えています。劇に参加したり、聖歌隊で歌ったことも覚えています。とても気にいっていたのは礼拝式のお手伝いでした。朝礼の後、学生は礼拝のために集められたのですが、礼拝式では細かいことまですべてに目を配りました。一年生の時は二人一組で奉仕しましたが、その後は一人で礼拝の進行を担当し、スピーチの原稿を書く手伝いをし、その他の細かいことも最後まできちんとしました。

母はとても優しく、もの静かな人で、共立女学校の第一回生。文学に精通していて、私たち子供と火鉢にあたりながら、トルストイや他の作家の話をしてくれたものです。また、病弱の父の面倒だけでなく、他の病人のお世話もしました。とても忙しかったですが、いつも熱心に勉強をしていました。

ある日、母に「これ以上、勉強してどうするの。もう歳でしょう」と聞くと、「精神的にも実生活でもいろんな苦しみを味わっている人が大勢いるの。その人たちは全部話して吐き出したいと思っているのよ。だから、よい聞き手になれるようにいろんなことを勉強しているのよ」と教えてくれました。当時は良く理解できなかったけれど、今になって母の言葉が分かり始めました。母は「母以上」の存在。「先生」であり、「親友」でもありました。二十年後、戦争中に収容所で社会福祉部のケースワーカーになった時、母を思い出し

て、母に負けないように頑張りました。

学生のころ、ミレーの名画、「晩鐘」に出会い、好きになりました。私の夢は、その絵のような生活―労働に身を捧げ、一日の終わりに神に感謝を捧げる日々を過ごす生活―を送ること。でも、夢と現実が一致するのは難しい。いずれにせよ、日本で結婚生活をするのが自分にぴったり合うとは思いませんでした。

彼女の判断は正しかった。教育を受けた女性が重んじられない当時の日本で、高い教育を受けたことは、日本の基準では、それだけでマイナス。クリスチャンであることは、さらに他人との違いを際立たせた。欧米の価値観を受け入れたことは、自分の思い描くような生活ができる見通しが日本にないことを意味した。

一時帰国の彼と「アメリカ式のお付き合い」をして

ある夏、大阪から帰省すると、中年の女性が母のところに泊まっていました。乾物問屋の奥さんで、姑のいじめを避けて、しばらく身を寄せていたのです。その人が、自宅に戻ってしばらくしてから、また家に来て、こう言いました。「とっても良い男性がアメリカにいて、お嫁さんをずっと探しているの。とても気難しく見えるけれど、良い人よ。あなたとなら、いいカップルになれそう。その気があるなら、お見合いの場を作ります」。

私は「六か月お付き合いさせていただいて、決めたいのですが」と条件を付けて、お受けしました。現代風のやり方ですね。子供たちは私たちの結婚を「恋愛結婚だ」と言いますが、完全に恋愛結婚というわけではありません。でも、少なくとも「アメリカ式のお付き合い」だったとは言えますね。今でも、時々そのことで冗談を言うのですよ。「失敗。間違いだったわ。もっと良い方法をとるべきだったわね」。

彼が日本に来たので、今の若い人たちのように半年間、デートを続けました。アメリカでは交際しているうちに、自然に愛し合うようになるけど、私たちの場合は、最初から結婚が前提になっていたので、日本流と言えたかも知れません。それでも、日本の伝統的な結婚とはまったく違いました。半年のデートについて、夫は私の両親に「日本では、女性が女学校を卒業すると結婚のチャンスが減ると言われていますね。毎晩二人だけでデートを続け、結婚が決まらなかったら、娘さんの評判に傷がつくかもしれません」と言って、気遣いを示してくれました。それで劇場など人目につく所には行かず、静かな場所を歩いて話をしました。話題は、宗教、文学など様々。彼は芸術についても話しました。非常に博学で、多くの話題について深く理解する力がありました。

夫が寄付した兵庫の新しい教会で結婚式、僧侶も参加

夫は三百年続く武士の家系で、父は淡路島を支配した徳島藩の剣道師範でした。母は同じ藩の家老の娘で、実家は素晴らしい庭のある豪邸。庭には滝までありました。夫の父は画家で優れた俳人でもあり、明治維新の後、武士をやめる代わりにまとまった〝退職金〟をもらって、立派な家を建て、友人を夕食に招待し、歌会を開いていた、ということです。もっとも、ビジネスのセンスはなかったようで、退職金はすぐになくなり、借金を返せず、家を差し押さえられてしまいました。夫はその悲惨さを目撃したのでした。

夫は、子供の頃は大切に扱われましたが、そのようなわけで、維新後は誰からも目を向けられず、生活も次第にすさんでいったようです。神戸の小学校に通っていた時、ある少年が母親に頼まれて豆腐を買いに行こうとしたのを、夫と〝子分〟たちが邪魔しました。またある時は、教会の礼拝を邪魔しようと考え、何人か連れて牧師さんを質問攻めにしたのです。日曜日ごとに繰り返しましたが、牧師さんは静かに聴いていました。それで、夫は「この牧師には尊敬すべき何かがある」と思うようになり、説教を聞くにつれて、引き込まれ、ついに洗礼を受けました。十六歳の時でした。

その後、彼が属していた兵庫教会の信徒たちが新しい教会を建設する事業を始めました。牧師は資金調達のためにさまざまな催しをしたのですが、資金は思うように集まりま

せん。寒い真冬のこと、教会堂の管理人は毎晩、真夜中近くに犬が吠え始めるのが気になって…。明かりを持って見回りをしたところ、祈っている若者を見つけました。それが夫でした。新しい教会が建つようにと、毎晩、教会に祈りに行っていたのです。牧師さんがこのことを信徒に話すと、皆感動し、一丸となって新しい教会を建てることになりました。夫は渡米資金として貯めていたお金を全額、教会建設のために寄付し、私たちはその出来たての教会で結婚式を挙げることになったのです。

実は、夫の兄も親友も、お坊さんでした。でも、私は教会で「結婚行進曲」が流れるような式を挙げたいと常々思っており、これだけは譲れない、と言い張りました。そういうわけで、ちょっと変わった結婚式になりました。袈裟がけのお坊さんが二人、礼拝堂の一番前の席に座っていたのです。車椅子で参列して下さった有名な女流詩人の詩の朗読もありました。新婚旅行はどこに行ったと思いますか。淡路島にある夫の兄の寺です。二週間ほどいましたが、とても良かったです。

理想主義者の夫と、農作業しながらの賛美歌が精一杯

しかし、アメリカに渡っての生活は楽ではありませんでした。私に農業のセンスがなかったのです。農作業をして家に戻ると、夫は作物の状態を聞くのですが、思い出せないの

です。農作業をしながら賛美歌を歌うことで精一杯だったのです。

夫は日本で商業学校を卒業し、貿易会社に勤め、それからアメリカに移住しました。私と結婚する前はインペリアルバレーで酪農をしていました。彼はとても精神力が強いのですが、それが彼を気難しくしていることに、結婚して気づきました。外見的にはとても穏やかで、物静かな人。教養などに頓着しない、とても粗野な人のようにも見えましたが、詩や芸術が好きでした。

「気難しい」と言いましたが、いつも不満を言ったり、経済的にしまり屋だったりしたわけではありません。彼には理想があり、そのために生きようとし、「現在」は計算に入っていなかった、と言えばいいのでしょうか。お金をたくさん稼いで孤児院を建てるのが夢でした。若い頃、とても苦労したので、不幸な子供たちを助けたかったのです。共産主義者と間違えられて職を失った友達に、稼いだお金を全部送ったこともありました。

夫はとても単刀直入な人で、お金をもうけたり、出世するために、こびへつらうことができず、賛成してくれる人がいなくても、自分の意見を言いました。自分が正しいと思うと、他の人の意見に耳を貸さず、目的達成のために犠牲を払うことを嫌いませんでした。時々やりすぎることがありました。非常に理想家だったので、他の人は彼とうまくやるのに苦労していることがよくありました。私も、彼に「一人で全部決めないで。他人の意見に耳を傾けることも必要よ」と言ったものです。叱られましたが、意見を言い合い、自分の考え方を主張することができました。

他の一世の夫婦とはきわめて対照的に、ミヤケ夫妻は、人生への熱意、キリスト教徒としての精神的な目標、知的な面での相性のよさを分かち合える、珍しいカップルだった。

●十五歳の時にアメリカ行きを決めていた

イヨ・ツツイ

父が教師をしていたイヨ・ツツイは、子供のころから自立心が強く、実家の近くにメソジストの教会があったことから、キリスト教に関心があった。女学生の時、地理の先生が語った「日本は人口過密な小さな島国だ。若者は海外に出て行き、自分自身を成長させないといけない」という言葉に、心を強く動かされていた。

十五歳の時、すでにアメリカに行くことを決めていました。両親が決めるより前のことです。でも当時の女性は、一人で移住することができませんでした。結婚だけが、夢を実現できる、社会的に認められた唯一の道だったのです。

夫のことは、アメリカに来るまで知りませんでした。母のいとこが、わたしの夫になるツツイ・タロウの家の近くに住んでおり、母が彼に、ツツイ家について聞いたところ、「財産はあまりないが、タロウは、子供のころから、とても真面目な性格だ」という説明で、私も納得しました。それから仲人とツツイの母が私に会いに来て、「あなたはアメリカに行くことに関心があるの」と聞かれ、日本を出ることのできる、またとないチャンスが来た、と思いました。さらに「花嫁としてアメリカに行ってもいいのか」との仲人の問いに、「もちろん、大丈夫です。満州に行くのか、と思っていたくらいですから、アメリカならもっとうれしいです」と答えました。

その席でタロウの写真を見せてもらいました。「しっかりした真面目な人のようですね」と私が言い、とても立派な人、という点でその場の全員が一致しました。彼の花嫁になることを決めたのは、その瞬間です。私は彼に自分の写真を送ることにしました。その時、私は数えで二十歳でした。

縁談についての対応は明治の女性の典型的なものだったが、「写真花嫁」になることに疑いをもつことはなかったという。イヨは、結婚と渡米が自分自身の決断だったことを強調した。

夫の実家、山口で一年あまり暮らして渡米

六月に花婿の代理人を通して日本で結婚の手続きをとりました。私の名前がツツイ家の戸籍に記載されて、手続きが完了しました。それから、山口にあるツツイ家で一年一か月ほど過ごしましたが、ツツイの母がとても良い人だったので、嫁として心配することは何もありませんでした。

私の実家は農家でしたが、農作業は全部、他人に任せており、父も子供たちも田畑で一生懸命に働くということはなかったのですが、ツツイの家では自分たちで農作業をしたので、私も、特に春の田植えや秋の収穫など忙しい時期に手伝わされました。でも、それで農作業を覚えることができ、私にとって計り知れない貴重な体験となり、アメリカでの生活に大いに役立ちました。

渡米は一九一五年。山口のツツイ家から、まず横浜に向かいました。横浜ではフクオカヤ旅館に泊まりました。ビザの発給前に健康診断を受けなければならず、手続きが全部済

むまで横浜に留まりました。乗船した船の名前はコリア丸と言い、「写真花嫁」を乗せるための船でした。私たちのほとんどが、英語も現地の習慣もわからないまま、異国の、会ったこともない男性の花嫁になるのです。日本人がどのようにアメリカで暮らしているのかを知る者は誰もおらず、全員が道を探そうとしている、目の見えないヘビのようでしたが、同じ仲間として喜びを分かち合い、船旅を「大冒険」として受け入れたのです。

同じ境遇の女性たちと船旅

船旅の間、私たちは日本のことをあれこれ話しました。ある写真花嫁はこんなことを言いました。「もともと、アメリカに行くことにはなっていなかったの。それに、結婚して夫の家に入って初めて、夫に子供がいることが分かった。結婚式の後で小さな男の子を見かけたので、夫に『あの子は誰なの』と聞いたら、『自分の息子だ』と言うじゃありませんか。そんな子がいるなんて、結婚前に何も言ってくれなかったのよ」。

私たちはアメリカでの暮らしの魅力や問題について話しました。将来のことも語り合い、あれこれ思い巡らしました。「アメリカに着いたらどうなるのでしょう」「どんなものを食べるようになるのかしら。アメリカの人はいつも肉を食べるそうだけれど、肉は嫌いよ」「和服でなくて洋服を着ることになるだろうけど、太っていても着ることができるかしら」などと話したのです。

個人的にはあまり話をしませんでしたが、山梨県出身のイワシタさんとはよく話しました。彼女の夫はサンフランシスコでクリーニング屋さんをしているということでした。何気ない出会いでしたが、どういうわけか友達になりました。多分、育った環境が似ていたせいかもしれません。彼女は通っていた学校や家族のことを話してくれました。山梨県のことはまったく知らなかったので、色々なことを聞きました。

甲板でイワシタさんと話をしていると、大学で教えていたというイギリス人がやって来て、「自分には日本人の妻と娘がいる。アメリカについてもっと知りたいので、行くことにした」と言いました。彼は一等船室にいましたが、私たちとよく甲板で会い、イギリスやアメリカのことを色々と教えてくれました。彼は二つの国のことをよく知っており、私たちのどんな質問にも答えてくれたのです。


大学教授の話を聞くことで、イヨはアメリカについてのうわさ話などに振り回されることはなくなったかもしれない。だが、イヨもイワシタも、高等教育を受けた白人教授の暮らしと彼女たちがこれから始める暮らしに、雲泥の差があることを知るよしもなかった。

迎えに来た夫は優しく、すべてがうまくいく予感

上陸すると、まずサンフランシスコ湾にあるエンジェルアイランドの入国管理局に連れて行かれ、十二指腸虫症の検査を受けました。アリカのビザを取るには、前もって日本で駆除しておく必要がありましたが、横浜で検査を受ける前に駆除できておらず、旅館の主人から「早くアメリカに行きたいなら、(十二指腸虫を持っていないと分かっている)他の人の便を借りて、検便をしてもらいなさい」とごまかし方を伝授され、検査をパスして船に乗ったのです。でも、入国管理局の検便で十二指腸虫の卵がいることが露見して、拘留されてしまいました。大部分の移民は一週間でそこを出られたのに、私は二週間も留められました。労働をさせられることもなく、待遇はそれほど悪くありませんでしたが、食事は中国米とゆでたじゃがいもだけ。すっかり十二指腸虫がいなくなってから、本土への上陸を許されました。

上陸して、夫に初めて会いました。順番の最初の方で名前を呼ばれたようで、待合室で待っていました。入国管理官が私の所に来て質問をし、これからの生活に困らない証明となる、お金を持っているかどうか聞きました。夫にもいくつか質問をしました。夫が「正しい人」であることを確認する必要があったのです。

夫は私より十一歳年上で、日本人として平均的な顔立ちをしていました。アメリカに住

んですでに十年。「レディ・ファースト」の習慣にも慣れていて、私の荷物を運んでくれました。「まあ、なんて親切なの。こんな人が夫なら、すべてがうまく行くに違いない。こんな優しい人が夫なら、何でも耐えられる」と意を強くしたのを覚えています。

――一世の男性の多くは、女性に敬意をもって接し、期待に応えられるように教育されていた。イヨは、自分の要求に応じてくれる日本育ちの夫を見て、思いがけない喜びを感じた。彼のように「夫が妻に従う」という夫婦関係を選んだ男性もいたのだ。

●叔父の友人で十四歳年上の人と結婚

ミドリ・キムラ

私は、一八九七年（明治三十年）に長野県の長野市で生まれました。有名な善光寺がありました。善光寺は阿弥陀如来を御本尊とする歴史のある大寺院で、そのために長野市では仏教がとても広く信仰されており、クリスチャンだった私の両親は、とても珍しい存在でした。日曜日の朝は教会に行きますが、近所の子供たちから「アーメン、ソーメン」とはやし立てられたものです。「ヤソ、ミソ、しょっぱいなあ」とも言われました。意地悪もされましたが、私たちは日曜学校に通い続けました。父は、必要な時はとても厳しいけれど、いつもは優しかったし、私たちを叱る場合も、たたくことはありませんでした。両親の仲がとても良かったのも覚えています。父は長野に来て、母に出会いました。西洋式の恋愛結婚だったのですよ。

日露戦争が始まると、父は皇軍の鉄道連隊の兵士として韓国へ派遣され、二年いました。戦争が終わってもソウルに残ったので、母は長女の私を含めて三人の子供と祖母を連れてソウルに渡ったのです。ソウルでは日本人の中学校に四年間通い、その後、日本に戻り、（アメリカの女性宣教師が設立した）神戸女学院に入りました。大学を卒業した時は二十二歳になっていましたが、結婚するために中途退学する人もいて、何人かの結婚式に参列もしました。

明治の日本人は、自分たちの暮らしの中に「封建的な価値と近代化」という本質的に異なる二つのものをまとめて受け入れ、調和させる達人になった。渡米一世となった女性を育てる時に使われた「縦糸」に共通しているのは、女性らしさ、礼儀正しさ。明治の女性は、厳格で道徳的な作法として特徴づけられるもので守られていた。

厳しくしつけられ、従順で、きちょうめんで、倹約家で、家族に献身的で、そして、明治以前のサムライの倫理観に基づいた教育を受けた。仕事も勉強も、徹底的して身に付け、素早く責任をもって終わらせることを教えられた。「なぜ」と問うことは好まれず、ただ「観察を繰り返す」ことで習得するやり方が、強く求められた。

一世の女性が子供時代に学んだこれらの教えは、当時の日本の女性が学んだものと同じだったが、ミドリのような女性には、「未来に心を向ける」という生来の資質が兼ね備わっていた。平均的な女性よりも高い教育を受けたことで西洋式の考え方も身に付けており、結婚を強く迫られる歳になった時、日本の伝統社会に受け入れられることは難しく、逆に、彼女たちに先んじてアメリカに渡り、リスクを負う覚悟をもつ妻を求めている一世の男性にとっては、好ましい結婚相手となった。

母の兄弟、私にとっての叔父が、すでにアメリカで生活していました。中学を卒業し、鍛冶屋で働いていました。叔父と私の夫になるキムラは仲の良い友人でした。キムラは独身で、結婚適齢期。叔父は私を彼の結婚相手にふさわしいと考え、私が学校を卒業する前に婚約することになったのです。結納のためにキムラ家を訪れ、その時から、アメリカにいる彼と手紙をやりとりするようになりました。彼はサンノゼに住んでいて、ニューヨー

ク生命保険会社の代理店業務をしており、現地の日本語と英語の新聞、日米新聞の記者でもあったのです。保険会社のお客さんはほとんどが農業をしていて、夫の保険勧誘の営業は夜になるので、空いている昼間にボランティアで新聞記者をしていました。

夫とは十四の歳の差があった。移民の夫婦によくあったこのような年齢差が、大きな問題の原因となることも少なくなかったが、ミドリにとってこの年齢差を埋めるもっと大切なものが他にあった。

夫は若い時に日本を離れ、大学を卒業していませんでしたが、早稲田大学の通信教育を受けていたので英語が読めました。一世の女性のほとんどが高等教育を受けていましたが、相手の男性は大半が農民で、十分な教育を受けていなかったため、学歴の差が夫婦の間に問題を起こすことが多かったのです。

母校の校長がアメリカ人で助かった

いよいよアメリカに渡ることになったのですが、アメリカがどんな国なのかあまりよく知らなかった。神戸女学院は英語の先生も校長もアメリカ人。とても立派な方々で、彼らを通してアメリカ人のものの考え方を知ることができたのはありがたかったです。日本を発つ前に、東京のアメリカ領事館に行く必要があり、叔母と一緒に数日、東京に滞在し、それから横浜から出港しました。シュンヨウ丸という船でした。一九一九年のことです。

船旅は十七日かかりましたが、とても快適でした。私は一等船室でしたが、他の四人の女性と一つの船室にいられるようにお願いしておきました。そのうちの一人、ヤマシタさんは東洋英和の卒業生で、甲板に出てよくおしゃべりをしました。でも海が荒れると、船酔いし、船室から出られなくなり、食事も運んでもらいました。遠縁にあたる人から高級船員を紹介していただき、特別待遇を受け、船長室や他の面白い場所にも行くことができました。船がハワイに着くと、下船して観光にでかけました。船には「写真花嫁」が大勢乗っていましたが、三等船室の彼女たちとはサンフランシスコに着くまで、顔を合わす機会はありませんでした。

夫とは上陸して初めて会ったが、心配は無かった

サンフランシスコでは、まずエンジェルアイランドに上陸しました。夫が船まで来てくれて、そこで初めて彼に会ったのです。写真を交換していたのでお互いにすぐに分かりました。そのとき、何を話したか覚えていませんが、日本人なのでおそらく丁寧にお辞儀を

したのではないでしょうか。お互いにかなりかしこまっていたと思います。七、八か月も文通を続けていたので彼に対する心配はありませんでした。かなり理解していると思っていました。入国手続きでは、鉄条網が張り巡らされた建物に入れられ、食事も粗末で、犯罪者として拘留されているかのように感じましたが、私は元来、とても楽観的な性格だったので、あまり気にも留めませんでした。日本人女性もたくさんおり、中には長く滞留させられる人もいました。私は、運よくわずか一泊で済みました。

手続きが終わって、正式にアメリカ上陸です。叔父といとこが会いに来てくれました。車で夫の家に連れていかれましたが、それが今も住んでいる家です。他の花嫁のように労働キャンプで生活する必要がなかったことは幸運でした。

＊＊＊＊＊＊＊＊＊＊＊　　＊＊＊＊＊＊＊＊＊＊＊

近代化されつつあった明治の日本は女性の教育を認めたが、サムライの行動規範も生きており、生活に窮屈さを感じる女性を生み出すことになった。はっきりと自分の意見を言うように育てられたイヨ・ツツイは、地理の先生の教えに刺激を受けて渡米の夢を膨らませた。カツノ・フジモトの父は、娘を伝統的は方法で育てたが、娘の進歩的な姿勢を励ました。そして、セツ・ヨシハシは従順さの裏で、強い決意と意志を培った。キヨ・ミヤケは高等教育を受けたキリスト教徒の家庭で育ち、幼い頃から他の人との違いを際立たせた。キヨの結婚に対する理想と、欧米風の思考様式は、日本では貫き通すのが難しいと思われた。若い女性にしては大きすぎる希望をもっていたテイコ・トミタは、家族の一員としての義務や社会の制約にもかかわらず、教師の道を追い続けた。

だが彼女たちは、家族や社会に受け入れられるように自分を合わせることを求められた。すべての日本人女性に期待され、義務ともされたのは、「結婚して子供を産む」ことだった。「結婚と子育て」という枠の中でしか、成功や目的達成は可能にならなかった。伝統的な思考様式と明治になって日本に入ってきた欧米式の思考様式のギャップ。それを埋める手段として、一世たちは結婚によるアメリカ行きを選び、「明治の女性」から「渡米女性のパイオニア」になったのだ。

第2章

アメリカでの苦難と奮闘の日々

抑えられていた冒険心はわずかな話や写真の情報によって大きく膨らみ、想像に彩られて、明治の女性に海を渡る勇気を与えた。若い一世の女性たちは、言葉も人種も習慣も、均質な日本社会で育った。まだ会ったことのない、あるいはほとんど知らない夫と生活するために、慣れ親しんだ家庭を後にした。パイオニアの女性が新たな人生の現実に立ち向かおうとする時、最初の一歩は大きな跳躍力となった。

●夫に失望したが、子供のために我慢

カツノ・フジモト

アメリカでの最初の数か月は、何もかも悲惨でした。夫と私の考え方があまりにも違いすぎ、二十三歳も年上の夫とこれから残りの人生を共にしなければならないことを考えると、絶望的になり、自殺を考えたこともありました。でも、最初の子供が生まれて、「子供のためにすべて我慢しよう」と決心したのです。

——「子供の幸せのためにすべてを捧げる」というカツノの決意は、不運であった多く

の一世の花嫁だけでなく、日本に住んでいる花嫁にとって〝一般的なもの〟だった。そのような決意は、彼女たちにほとんど悔いを残さなかった。苦労を人生の一部として受け止め、個人の欲求を満たすことよりも家族の幸せを大事にするように育てられたカツノは、明治の女性の基本的な特性を行動で示し、子供に全力を注いだ。

今では「アメリカに来て運が良かった」と思っています。

カツノが初めに感じた「失望」と同じようなことは、多くの一世の女性の間で何度も繰り返されたが、ほとんどの女性は、家族と地域社会の支えと幸せに重きを置いた生活に自分を合わせることで、失望を乗り越えた。

●渡米直後に兄と姉が亡くなり、帰国も考えた

ヒサヨ・ハナト

船がシアトルの埠頭に着くと、観光に出かけました。私は日本の基準では背が高かった

ので、「アメリカは私のように背の高い人たちの国」と思っていました。ところが、周りを見ると誰もが私よりずっと背が高かったので、自分が縮んだのかと思ったほどです。

――

ヒサヨは先に語ったように、アメリカで病気になった兄を気づかう母の心配を少なくしようとして、アメリカにやってきた。彼女の話を聞いていると、「落胆」がどのようにして「失意」に変わっていったのかが分かる。

アメリカに来てしばらくは気持ちが落ち着きませんでした。兄はネブラスカに住んでいましたが、会いに行く前に亡くなったのです。幸い、助けてくれる人がいました。姉と義兄がシアトルとタコマの中間にかなり大きな酪農場を持っていて、良く働き、多くの労苦を乗り越えて、とても成功していました。地元の銀行からお金を借りたい人は、ヤマダ、それが姉夫婦の苗字ですが、「ヤマダが連帯保証人になってくれれば、いつでもローンを認めてもらえる」と言われたほどです。ところが、その姉が、日本に一時帰国して、インフルエンザにかかり、そのまま亡くなりました。

アメリカに来た理由の一つは、兄と姉がいたからです。ところが二年経つか経たないかのうちに二人とも亡くなってしまい、「このままアメリカに住み続けるのは止めよう」と考えるようになりました。それに、現地では非常に根強い反日感情があって、周りの人たちが怖くなり、「できるだけ早く日本に帰りたい」と思ったのです。

しかし、彼女は帰国しなかった。夫が彼女を南カリフォルニアのターミナル・アイランドに連れて行ったのだ。日系人も多く住んでいて、非常に競争力のある水産業が栄えていた。さまざまな国から来た漁師同士で熾烈な競争があり、その結果、人種間の緊張が高まることもあった。それで、サンフランシスコの議会で外国人に漁業のライセンスを一定期間認めない、という法律もできた。

夫と、漁船を持っている友人、そしてもう一人の三人でビジネスパートナーを組み、漁業を始めましたが、私はあまり漁業が好きではなかった。

仕事はうまくいかず、夫は漁業をあきらめ、ロングビーチに引っ越し、そこに第二次大戦勃発まで住むことになった。小さなレストランを開き、二人の娘にも恵まれ、忙しく暮らすうちに、ヒサヨの失意は薄らいでいった。

世界大恐慌の時のことを覚えています。近くの公園でパンの配給を受ける人々の列ができていましたが、私たちはレストランを経営していたので、食べ物の心配はありませんでした。オーシャン大通りに住んでいたのですが、仕事のない人たちが海岸をうろうろしていました。皆、白人でした。お客さまとして来てくれることを期待していたのですが、「タダで食べ物をくれないか」と言われたのです。それで、サンドイッチなどを作ってあげました。その人が「あそこに行けば、食べ物がもらえる」とでも言ったのでしょう。人が大勢集まりすぎて、「公園でやっているパンの配給所に行ってください」と言わざるを得ませんでしたが、それでもできることは精一杯しました。私たちにとっても厳しい時期だったのです。従業員に満足してもらえるような給料を現金で支払うこともできませんでした。

ヒサヨをはじめ一世の女性たちは、「忍耐」という明治の日本の教えを守ることができるかどうか、試されたのだった。

●果樹農場を始めた夫、ひたすら忙しい毎日

サツヨ・ヒロナカ

アメリカに着くと、サツヨ・ヒロナカはとてもよく働き、悲惨な生活を送るということは一度もなかった。苦労について尋ねると、まず、子育てについて話を始めた。

ひたすら忙しい暮らしでした。十七歳で子どもの頃からの友人と結婚し、一年後に子どもが生まれ、先にアメリカに渡って果樹農場を始めていた夫の後を追って渡米。間もなく妊娠し、結局八人の子どもをもうけました。毎朝四時に起きて次の日の未明まで働き続け、夜中の十二時前に寝ることなど一度もありませんでした。二十人から三十人の作業員を雇っていて、六時に朝食を用意しないといけません。

料理人を一人雇ってはいましたが、ごはんを炊き、食器を洗うのは私の仕事。朝食が終わると、彼らに百エーカーの農場のどこで作業をするか指示します。それから家に戻り、彼らの汚れた衣服などを手で洗い、部屋の掃除をしました。私たちの住まいは納屋ほどの大きさがあり、当初、彼らは全員、階下で寝ていたのですが、結局、別に宿泊所を建てま

した。毎晩、薪でお風呂をたき、彼らが全員、入浴できるようにするのです。子供が増えて、育児に手間が掛かるようになってからは、料理人が掃除をしてくれるようになりました。

子どもが大きくなり、教育費などがかからなくなった後も、サツヨは質素な生活を続け、お金を貯めて、一時帰国の旅費の一部に充てようとした。「娘にまた会いたい」という父の希望をかなえるつもりだった。子供の頃の親孝行を大切にした記憶を思い出して、サツヨは心が痛んだ。インタビュー当時、九十歳になっていた彼女は、「日本の親元を去って七十年以上経ったが、最も大切な子としての義務をいまだに十分果たしていない」と語っていた。

故郷を出た時のことを今でも時々、思い出します。初めて汽車で港まで行ったのですが、汽車の窓から手を振ろうとして身を乗り出した時、父の声が聞こえたのです。「アメリカに長く居すぎるなよ。わしが元気なうちに帰って来るんだぞ」。二千ドル貯まったら、日本に帰るつもりでした。世界大恐慌の時、貯めていた五百ドルでいくばくかの土地を購入し、値上がりを待っていました。でも大恐慌がさらにひどくな

り、二千ドル貯める目標は遠のいて行きました。どれほど一生懸命働いたことでしょう。それでもお金は貯まりませんでした。毎日食べるだけで精一杯。「五年以上は駄目だぞ」という父の最後の言葉を覚えていました。それで日本に戻ろうと決めていたのですが、できませんでした。私は親不孝者です。

戦後になって、最近、と言っても十年も前のことですが、私たちの土地が住宅開発のために買い取られ、ちょっとした財産を手にしました。もっと早く、この天から降ったような幸運が訪れていたら、日本に帰れたのに。私が七十歳になった頃、夫が帰国しましたが、二度とアメリカに戻ることはありませんでした。日本で病に倒れ、亡くなったのです。それも運命だったのでしょうね。

●夫が病に倒れ、家族全員を支える奮闘の日々

セツ・ヨシハシ

セツは「アメリカでの結婚生活は、立派な家庭に育った安定したビジネスマンと共に過ごすこと、と信じさせられていた」と、渡米前の期待の大きさを強調する。仕事

で手が離せないから、と彼女をアメリカまで一人で来させた夫は、「写真花嫁」をめとる人には珍しく、彼女に贅沢な一等船室の航海をさせた。豪華で快適な船旅を満喫してアメリカに着いた彼女は、真新しい美しい着物姿で、さっそうと未来に向かって踏み出そうとした。だが、アメリカに着き、迎えにやってきた夫を見て、衝撃を受けた。

迎えに来た夫を見て、がくぜん

夫は毛糸で編んだ帽子をかぶり、汚れた靴を履いていました。ハンサムでなかったし、足も極端に短かくて。そのうえ、夫が私よりもずっと歳上、ということにも気がつきました。お互いに挨拶をしたのは確かだと思うのですが、覚えていません。異国に来て、今や私は〝よその人〟の管理の下にあるのです。茫然としました。夫の叔父から航海中に私の面倒を見るように頼まれたショーさんも一緒でしたが、とても気の毒そうに私を見ていました。今でも、その時の彼の表情を思い出します。

私の親族はとても上品な顔立ちでしたが、夫の親族は顔立ちも含めて肉体的な魅力がなく、皆とても足が短かった。とても恥ずかしくて、夫の隣を歩くことができませんでした。私はとても見栄っ張りで、夫に対する期待も大きかったのですが、期待は裏切られ、恋愛感情を抱くことは一度もなく、彼の気持ちを私に向かせることもできないまま、結局、〝降参〟しました。

そのようなわけで、船から下りた私は、すっかり動転していましたが、その後の事も全部覚えています。エンジェルアイランドの入国管理局での手続きから解放されると、夫と二人でサンフランシスコ市内のクマモト・インに滞在しました。世界見本市に行きました。展示されている沢山の機械を見て歩きましたが、機械のことなど何も知らないので、さっぱり分かりません。ぼうぜんとするばかりでした。

夫は十五も年上で、人生の苦労を経験していました、私は人生経験が無かったから、夫は私をほんの子供と思い、「何てことだ。とんだことに巻き込まれてしまった」と後悔したことでしょう。

亡くなった娘がよく言っていました。「お母さん、どうして外国にやって来て、一度も会ったことがない人と結婚できたの。全く理解できないわ」と。でも当時の日本の女性は自分の才覚で生きることなど認められませんでした。言われるままにするしかなかったのです。女性ができることは、「はい」と言って従うことだけでした。今とは全く違っていたのです。現代の女性はやりたいことをやり、嫌であれば「ノー」と言えます。誰と結婚するかを決める権利があります。私たちの時代は、両親や親戚の指示に従うだけでした。もし、「これをしなさい」と言われれば、しなければならなかった。子供の時からそのように育てられ、しつけられたのです。今の人には理解できないでしょう。私たちは、古い時代に育ったのですね。

クリーニング業の夫と、〝生き地獄〟の始まり

サンフランシスコからは、ロサンゼルスまで船で行き、それから夫の住むハリウッドに向かいました。そこが新婚生活の場。〝生き地獄〟の始まりでした。夫はクリーニング業をしており、従業員も二十名ほど雇っていました。日本では、帰国した人たちが皆、「ヨシハシは成功しているよ。一等船室の切符を送れるのだから」と言っていました。当時の一般の所得水準から考えれば、アメリカまでの一等船室の切符は非常に高かったから、無理もありません。

夫はすぐには、私を自宅に連れて行こうとしませんでした。私が驚くのを恐れていたのでしょう。何日間かハリウッドのホテルに泊まって、しばらくして自宅に連れて行かれたのですが、（あまりのみすぼらしさに）驚いて言葉も出ないほど。でも、夫はとてもきちょうめんで、部屋の掃除は行き届いており、ごみひとつ落ちていませんでした。

夫は理想が高く、他人のために働くのをとても嫌がっていました。彼自身がボスであるかぎり、どのような我慢もできたのです。よく言っていました。「白人のために働くなん

てことはあり得ない」と。頑固さゆえにお金を儲けることもありませんでした。娘が夫に「パパ、そんな態度で、一体全体どうしてアメリカに来る気になったの」とよく聞いていました。

私が夫の店で働き始めて間もなく、日本陸軍にいる夫の兄が自殺しました。彼は騎兵将校で、監察官でした。ある将校が第一次大戦中に政府使節としてフランスを視察し、「次の戦争は飛行機を使った戦いなるから、騎兵は必要ない」という報告をまとめ、「陸軍騎兵が満州で行軍する時代は終わった」と言って、義兄と激しい論争になりました。義兄はフランスに行ったことがなく、ひたすら騎兵を大切に考えていたのです。論争は激化し、それが原因で義兄は自殺してしまいました。一途で、とてもひたむきな人でした。伝統的な武士の作法、つまり切腹で命を絶ったのです。この出来事はアメリカの新聞にも載りました。豊橋には彼の行為を讃える銅像があり、切腹した場所に、今も若い人たちが訪れて、「軍人の名誉と涙がここに埋められている」と言うのだそうです。何年か後に、義兄の息子さんも軍で高い地位に就いた、と聞きました。

夫が病に倒れ、農場でのテント暮らしに

義兄の切腹自殺のニュースを聞いた時、夫は突然、病に倒れました。そして「今の仕事

を続ける限り、休養はとれない。田舎に移らなくてはだめだ」と言い出し、ナッパさんが所有するアナハイムの農場に移り住んだのです。荷馬車で行きました。農場に着くと、栗の木の下で荷馬車を止め、夫がテントを張り、「ここが俺たちの家だ」と〝宣言〟しました。二人とも放浪者のようだと感じましたが、実際、誰が見ても放浪者でした。他の日本人も近くでテント生活をしており、広島出身者も何人か農場で働いていました。夫は彼らに「英語ができないと、成功することも家族を養うこともできないよ」と言って二人で英語を教えました。私たちのテントが教室でした。

そのテントの前で毎晩泣きました。涙を拭いてはテントに戻って仲間にＡＢＣを教え、そして外でまたすすり泣く、といったことの繰り返し。本当に自分たちは物乞いのようだ、と感じました。雨が降ると、テントの四隅から水が入ってきて、風邪をひき、すっかり体を壊してしまい、ベッドから起き上がることもできません。友人のカガワ夫人が私たちの世話をしてくれて、夫に「ヨシハシさん。どんな事情があるのか知りませんが、なぜ、こんな生活をしなければならないの。奥さんが病気なのは、あなたのせいですよ」と注意してくれました。夫の代わりにクリーニング店を経営してくれていた人も、「あなた方夫婦は戻ってくるべきだ」と強く言い始めました。

それで私たちはハリウッドに戻り、七年の間、クリーニングの仕事をしましたが、毎日、真夜中まで働きずめで、とてもきつかったです。朝早く起きて従業員二十人分の食事の用意をします。独身者が多く、彼らを食べさせなければならなかったのです。朝昼と一日二回、料理をしました。毎日同じことの繰り返し。彼らは週末土曜日の夜に遊びに出かけ、月曜日まで帰って来ないので、週に一度だけ食事の準備をしなくて済みました。それ以外の仕事の面でも問題はたくさんありました。生計を立てる、ということは生易しいことではありません。

子供が全部で五人いましたが、三人はクリーニング店で生まれました。午後になると子供たちをベビーシッターのところに連れて行き、真夜中まで衣類にアイロンがけをしました。「夫は薄情で冷たい人だ」と思いました。夫はかなり後になるまで私に家計を任せようせず、私は「あなたは私を男のように働かせ、妊娠させ、わずかなお小遣いもくれようともしないのね」と不満をもらしました。それを聞いた共同経営者が「たとえ家族であっても、奥さんにお小遣いを少しあげるべきではないですか」と夫に忠告してくれて、ようやく四十ドルを私の自由に使えるようになったのです。すぐに子供の洋服を買いに出かけました。

病気の夫に代わり店を経営、保険業成功の矢先に「大恐慌」

朝から晩まで働き通しでした。本当に地獄のような生活でしたが、アメリカで生き残れたのは、クリーニング店の仕事を続けたおかげです。当時のつらい体験は、その後の暮らしに比べれば、たいしたことではありませんでした。というのは、夫が病気で働けなくなり、自分たち夫婦を含めて家族七人を、私が養わねばならなくなったからです。病に倒れた夫に代わって、店を切り盛りするようになりました。売り上げを増やそうと、「一割引」の広告を店の正面に貼りました。効果がありました。お客さまが増えたのです。

でも、デスクワークだけしていればよい訳ではありません。持ち込まれた衣類を洗い、アイロンがけして仕上げるために、朝の四時まで働く毎日。そうすることで家族全員が食べ、生き残ることができました。

しかし、私の重労働は間もなく限界となり、病身の夫がクリーニングの仕事に戻るのも無理だということが分かり、店を売り払って得た資金を元手に、夫がパサデナで保険の仕事を始めることになりました。私たちが引っ越した時、三番目の子である長男はまだ三歳でした。

保険の仕事は極めて好調なすべり出しでした。ある程度の額のお金を貯めていたので、保険料をまとめて払えない人にお金を貸し、契約を増やしていったのですが、間もなく世界大恐慌が起こり、私たちも巻き込まれました。貸していたお金を回収できなくなり、再びどん底の暮らしです。

夫は喘息が悪化し、何もできなくなっていました。症状を軽くするためにお医者さまに一日に三回、注射をしに来てもらわなければならず、途方に暮れてしまいました。子供たちはまだ小さくて、経済的に支える力もありません。一番上の子がやっと十二歳でした。白人の家庭で半日の仕事を見つけ、子連れで働きに出るようになりました。帰宅すると、お客さまから預かった衣類を洗いました。洗濯が唯一、自宅でできる仕事でした。当然、子供たちの世話もして、家族七人が生きることができたのです。

セツは今や「家業」の責任者となった。肉体的に骨の折れる生活だったが、家の資産の何がしかを自分自身で管理できるようになり、多少の満足感を得られるようになった。明治の日本では、夫が稼ぎ、妻が家計を預かった。夫の両親と同居している場合は、夫の母が財布のひもを握った。大部分の一世の夫婦では、日本のようにしていたが、アメリカ人はもっと自由で、お金を管理する人が家族を支配する力を持つようになっていた。

大型洗濯機で事業拡大、「生きなければ」と…

広告を出したことでお客さまが増えましたが、手洗いでやっていたので、預かったたくさんの洗濯物をなかなか処理できません。そこで、自分でも驚くほど大胆な行動に出ました。電話帳をとって洗濯機の広告のあるページをパラパラとめくり、販売店の一つに電話をかけたのです。ブロークン・イングリッシュで「洗濯機を一台欲しいのですが、二、三週間試してもいいですか」と聞きました。お店の人は「いいですよ」と言って、洗濯機を届けてくれました。それで洗濯物を処理できることにはなったのですが、少々、小さすぎた。もう一度電話して、「もっと大きな洗濯機を持ってきて」と頼むと、「一台二百ドルです。分割払いなら、頭金、月賦はこれこれです」との返事。試しに使っていた小さな洗濯機でいくらか稼いでいたので、それを頭金に大きな洗濯機を買うことができたのです。あの時の勇気を思い出すと、今でもびっくりします。想像してみてください。あやしげな英語で商売の話を電話でしたのですよ。自分を褒めてしまいますね。自分の稼ぎで洗濯機の支払いを全部済ませ、家族全員を養うことができました。

夫の従業員がクリーニングの仕方を教えてくれるなんて、なんて運が良かったのでしょう。クリーニングの技術を磨けなかったら、家族全員が路頭に迷うところでした。それでも、仕事は楽ではなく、洗濯してアイロンをかけ、たたむのに、時には朝の四時までかかりました。そうしなければ、約束通りに仕上げられなかったのです。

病気の夫は、まったく働けませんでした。春と秋にはいつも喘息の発作が起き、夫に期待するのは無理。自分の面倒さえみられない夫に頼ることはできないし、家族に対する責任を負ってもらえない、と悟りました。「夫が死んだと思って働かなければならない」と決意し、行動したのです。自分にとって悲しすぎる運命だ、と思うことはありませんでした。子供のためなら身を粉にして働ける、例え海の底まで行くことになっても気にしない、と頑張りましたが、石をたくさん背負っているように感じることはありましたね。

人は簡単に気が狂ったりしないものだ、ということも学びました。私には子供たちがいて、とても愛していたので、困難を何とか切り抜けられました。「生きなければ」という気力は、子供たちだけのためでした。私自身、親の愛を一度も知ることがなかったので、「そのつらさを子供たちには経験させたくない、決して子供たちと離れまい」と心に決めていたのです。それでどんなことでも耐えることができた。自分が死んでいるように感じる時もありましたが、ひたすら前に進み続けました。それだけです。自分のことを考える余裕はありませんでした。ただ生き延びなければならなかった。気力だけで、すべてのことをしてきました。

長い時間、倒れそうになるまで働くのは、一世の女性にとって当たり前のこと。極めて困難な状況に追い込まれる例もしばしば見られたが、セツの生活は特に厳しいものだった。

法律規制で閉店、野菜売りで人気出たが警察に逮捕

しばらくクリーニングの仕事をしていましたが、ある年、パサデナ市が自宅を使った営業用クリーニングを禁じる法律を作ったのを機に店を畳みました。その時までに少しばかり経済的な余裕が出来ており、無理してクリーニング業を続ける必要もなかったのです。その後、青果店に勤め、パサデナのファーマーズ・マーケットで野菜を売りました。マーケットはとても人気があり、店同士の競争も激しかったのですが、ブロークンな英語で商売する私を、お客さまは皆、気に入ってくれました。皆が「東洋人がいい」と言い、私から買いたがったので、上司は私をクビにできませんでした。クビにしたら、売り上げが大きく落ちてしまったでしょうから。

私たち家族にとって、すべてがうまくいくように思われた矢先、商売の最中に逮捕され、警察署に連れて行かれました。どうして逮捕されたのか理由が分かりません。それで娘を呼びました。娘が警官から聞いたところでは、「クリーニング店を閉めてからファー

マーズ・マーケットで働き始めるまでの間、売り上げ税の一部を払ってない。それで逮捕した」ということでした。

店を閉めた後、ファーマーズ・マーケットで働く前に、夫が、知り合いから青果店を始める計画を持ちかけられ、子供の預金を一部おろして、共同で事業を始めたことがありました。トラックを買い、グリーンストリートで店を始めたのですが、失敗して破産。それでも、法律によれば、売り上げ税を払わなければならなかったのです。共同経営者の知人と夫には借金があり、彼らの名義では事業を始めることができなかったので、代表者として私の名前を登録していました。そうとは知らない私が税金を払わないという理由で、逮捕されてしまった、という訳です。

税務署のお役人はこう説明しました。「事情はともかく、店はあなたの名義になっていた。だから、税金の支払いを求めるしかない。分割納入もできますが、納税義務者の名義があなたである限り、免税という訳にはいきません」。滞納期間が長かったので、延滞利子がかなりの額になっていました。幸い、娘が教育省に就職し、私はファーマーズ・マーケットで働いていたので、二人で週に三ドル、あるいは五ドルと税金を払い続けました。

戦争が始まった時、税務署に確かめると、滞納残高は百三十ドル。延滞利子が増え続けると困るので、娘と二人で収容所に入る前に完納しました。破産した店の代表者として私の名前が使われたために、税金をすべて支払うはめになった。本当に腹が立ちましたね。今でもその時の納税証明書を取ってあります。

このように私たちの生活は非常に厳しいものでしたが、役所はとても理解がありました。私の身に起こったいろいろなことを考えると、よく前に進み続けられたものだと驚いてしまいます。そんなにつらい時期を過ごしはしましたが、夫を非難することはできませんでした。夫は明治三十七年、日露戦争中にアメリカに来ました。日本で陸軍士官になる勉強をしたいと上京したのですが、足が短すぎて軍人になれなかったのです。頑固者で、誰に対しても頭を下げるのが大嫌いでしたが、曲がったことは決してしない、真面目でよく働く人でした。病気にかかり、私や子供たちに苦労をかけたからと言って、夫は非難される立場にはありません。

百万長者の家で仕事、息子たちも働くようになったら……戦争

そう思いながら、私はただ働き、ただ泣きました。ファーマーズ・マーケットで働き始めた頃、朝六時から働き、土曜日は夜の十一時まで働きました。日曜日は疲れ切っていましたが、寝ようとすると、夫が「ママ、こんなに遅く寝るなんて何をしていたんだ。子供たちに悪い影響を与えるぞ」といつも言うのです。すると上の娘のフミコが「パパ、お願

いだからやめて」と、私をかばってくれました。夫は酒を飲まず、ギャンブルもしなかった。責めることはとてもできませんでした。

戦争が始まる直前、白人の家に働きに出ました。皆さんとても良い方でした。ご主人で百万長者のドクター・クラマーは私を完全に信頼し、とても親切にしてくれました。二階のあちこちにダイヤモンドが置いてあったのですが、私だけに二階で働くことを認め、他のメイドを二階に上がらせませんでした。他にも三つか四つの家で仕事をさせてもらいましたが、全部、彼の親戚でした。

仕事に出る時、長男と次男を家に置いておくのが、とても心配でした。それで私は友人のフユミ夫人に、まず長男を、彼女たちがやっている食料雑貨店で働かせてくれるように頼んだのですが、「夫の下で働くのはとても難しいだろうし、長続きしないのではないか」という返事。それで、私は「学校から帰っていつも外で遊んでいるよりは、厳しい人の下で働くほうがずっと息子のためになるのです。お願いを聞いてもらえるなら、食品や雑貨は全部、あなたの店から買います」と言ったのです。

そういうわけで、息子は週三ドルで、その店で働かせてもらうことになりました。稼いだお金を貯めて、自分の自転車を買うことができたので、とても喜んで自慢していました。ファーマーズ・マーケットで、夏の間手伝ってくれる男の子を探している人がいました。長男はフユミの店で働いた経験があるので雇ってもらえました。週十八ドル稼ぐようになりました。次男も、フユミの店で働くようになりました。
ようやく心配の種がなくなって、ひと安心、と思ったら、戦争が始まったのです。

●経験した事も無い毎日、でも素晴らしい人生

キヨ・ミヤケ

日本で温かく、皆で支え合う家庭に育ち、守られた生活を送っていたキヨ・ミヤケは、行動力でも知力でも自分にふさわしい男性と結婚した。アメリカまでの快適な航海、サンフランシスコの素晴らしさ。しかしそれは、彼女が想像もできなかった全く異なる生活に直面する前のことだった。

私に会いに日本に来る時、夫はカルフォルニアのインペリアルバレーにある酪農場を誰かに任せてきました。結婚式が済むと、夫は一人でアメリカに戻り、私は遅れてやって来ました。サンフランシスコで夫と会い、しばらくそこに滞在しました。着物で来たので洋

服を買いに行ったり、「コウシャドウ」という書店に出かけたり。その店の主人が船で一緒だったのが縁で、日本に電報を打つのを手伝ってくれました。でも、サンフランシスコで目にするものにあまり驚きはありませんでしたね。神戸や大阪で都会の生活には慣れていましたから。むしろ、日本人街に連れて行かれた時は、ちょっとショック。きれいな神戸の住宅街と比べると、とても汚くて、驚きました。神戸は上品な町だったし、大阪にも、とても高級な地域がありました。学校もとてもきれいでしたから。

電気もガスも水道もない、農場での生活

日本では電気もガスもあり、料理はガスを使っていたのに、私が生活することになったインペリアルバレーの住まいには、どちらもなかったのです。田舎ですから、無理からぬことでしたね。当初、私はもの静かで、弱々しい女性でした。青白い、と言ってもいいくらい色白で、「農業に向かない」ように見えたと思います。「インペリアルバレーで農業をしたら死んでしまうわよ」と忠告されたこともありました。

私がインペリアルバレーに来てから、夫は酪農を止めて、「カンタロープ」という種類のマスクメロンの栽培を始めました。夫から「農作業を手伝えるかい」と聞かれましたが、妻である以上、夫に従わざるを得ません。鍬で耕すように、と言われた時は涙がこぼれ落

ちました。鍬を見たことなど一度もなかったし、使い方も知らなかったのです。でも「できません」とは言えなかった。そんなことを言ったら、夫に「祈ることで、どのような仕事でもできる、と教えられてきたのだろう。できないなんて言うのは、よくないぞ」と言われたに違いありません。農作業は、とても怖かった。日本人が大勢、働いていたのですが、とても乱暴で、陰気くさかったのです。それにアメリカの習慣もまだ良く分かっていませんでした。

朝早く起きて作業にとりかかり、午前十時までに終わらせなければなりません。午後になると気温が四十度を超えてしまうので、外での仕事は無理なのです。猛暑のために亡くなった人が何人もいました。バレーでは水がとても貴重です。家の外にとても大きな貯水槽があり、男性がそこに水を入れた後、しばらくして表面に近い澄んだ水を汲み出して家に持ち帰り、浄水器に注ぐのも私の仕事。水は浄水器の中のいくつかの層でこされてバケツにポタポタと落ち、その水で十人分の食事の用意をしなければなりませんでした。

日本にいた時は寮に住んでいたので、料理をしたことがありません。慣れない私が料理をするので、よくあれこれ言われました。文句を付けられると、とてもイライラして腹が立ちましたが、おいしいご飯が炊けるように、頑張りました。「かんち飯（芯のあるご飯）炊いて夫を怒らすな」と書いて台所の壁に貼りました。「おばさん、味噌汁が塩から過ぎるよ」とか「漬物がすっぱ過ぎるよ」とも言われましたが、そのたびに「ごめんなさい。本当にごめんなさい」と謝ったものです。

年配の理解者に励まされて努力を重ねる

ある日、長く働いている年配の男の人が「あんたは若いのに、本当に立派な女性だねえ」と褒めてくれました。「とんでもない。料理のことなど何も分からないの。お願いですから教えてください」と言うと、「料理のことは心配しなくていいよ。あの連中は何を言っているのか自分でも分からないんだから。それにあいつらは若いあんたを『おばさん』と呼んでいる。でも怒らないでくださいよ。広島ではこういう言い方をするのでね」。それで、私は気を取り直し、「そうですね。何と呼ばれようと、人としての私の価値は変わりませんから」と答えると、彼は「その通り。まったくその通りだ」と励ましてくれました。

その後も、料理が非難されると、とても傷つき、イライラしましたが、彼がいつも慰めてくれたので、料理上手になろうと強く決心したのです。また彼は、私によく聞きました。「どうしてアメリカに来たんだい。苦労しに来たようなものじゃないか。大きな間違いを犯したようだね」。私はこう答えました。「とんでもない。仕事も、トイレや浴室の掃除もどんなことも気になりません。全部引き受けます。どんなことでもするつもりですよ」。私たちは一緒に色々なことを話しました。

キヨは結婚当初、夫からの励ましの言葉を期待していたかもしれないが、一緒に暮らしているうちに、そのような期待を持たない方がいいと思うようになった。夫は明治日本の産物で、将来への希望も大きかったが、実力以上に自分を大きく見せようとしたり、妻に安らぎのある生活を与えるふりをしたりすることは、決してなかった。縁談が進められていたころのことを、キヨは思い出した。

結婚する前に、夫がアメリカから手紙をくれたことがあったのですが、そこには「結婚相手が立派な邸宅やピアノなどを持っていないと知って、アメリカの生活に失望する高学歴の女性が大勢いる。私には自分以外の財産はない。もしあなたがそれ以上のことを望んでいるなら、私にはどうすることもできない」と書いてありました。その手紙を読んだ時、とても心を打たれました。そこまで書ける人は尊敬に値する人に違いない、平均的な大卒の男性は彼に及ばないだろう、と思ったのです。

こちらでの結婚生活は、確かに時々、寂しく感じました。日本から遠く離れて、心細かった。どんなに大きな声で日本にいる家族の名を呼んでも、届かないのですから。でも、夢を持ってアメリカに来たのですから、簡単にへこたれることはなく、「すべてあきらめて帰国しよう」などとは一度も考えたことがありません。たとえテントで寝ざるを得なくても、星を見ることができる。夜空はとてもきれいでしたよ。ええ、テントの家に住んだこともあったのです。テントの家は汚れていないし、そんなに悪くないですよ。夜空の星を見ることができて、ロマンチックでさえありました。テント生活は二年間続きました。

日本人キリスト教徒の共同体でブドウ栽培、そして出産

夏の間、インペリアルバレーから他の土地に行きました。そうしないと、暑さで病気になるか、死ぬか、だったのです。農作業をひと休みして、友達のところにお世話になりました。それから一九二七年頃でしたか、私の体調が良くないのを夫が心配して、ここ、カルフォルニア州のリビングストンに引っ越してきたのです。夫はインペリアルバレーの友達からヤマトコロニーのことを聞いていました。リビングストンに建設された日本人キリスト教徒の農業コミュニティでした。他にも、日本人の農業コミュニティが、カリフォルニア州のコルテスとマーセドの近くに作られました。

当時、カリフォルニア州では一九一三年外国人土地法で市民権の資格のない移民の土地取得が禁止され、移民法で日本人や他のアジア系移民の帰化が認められなかったので、株

式会社を作って土地を取得し、その会社の株を持つ、という形をとっていました。私たちは二十エーカーの土地を手に入れ、初めは小さな掘立小屋に住んでいました。どうやったら、あんなところで生活ができるのか、不思議に思った人もいたようです。今の庭は、その農場の名残りで、小屋の骨組みも残っています。そこに長い間住んでいました。

日本人キリスト教徒のコミュニティでの生活は、名画「晩鐘」に描かれた情景とそっくり、と言う訳にはいかなかったが、日本にいる時に夢見ていた「晩鐘」の静けさを、キヨに思い起こさせた。

リビングストンではブドウを栽培して生活し、多くの子供に恵まれました。子供たちは私たちの宝です。このような静かな生活がとても気に入っていましたが、最初の三年間はブドウの販売による収入はわずかでした。夫は他に仕事を見つけ、持っていた土地の一部を賃貸することで、少しずつ暮らし向きも良くなっていきました。その間に七人の子供に恵まれました。とても忙しく、大変な時期でした。働きに出る必要のない主婦もいましたが、私は働かなくてはなりません。毎年、三十二トンのブドウを生産したのです。毎朝、六時に仕事に出かける夫より早く起きて朝食の準備。それから掃除をして、昼食の準備です。赤ん坊の世話をし、食事と食事の間に畑仕事に出かけました。農具で地面を掘る仕事を全部、一人でしたのです。ここから見える六十エーカーの土地全部ですよ。

夫のことですか。いくつかの点で彼は典型的な日本男性です。一度も私を褒めてくれたことがありません。夫が病気でベッドから起き上がれなくなった時、私は一人のメキシコ人労働者と一緒に、仕事を全部しました。ブドウの生育状況を良く調べ、すべて綿密に準備しておいたので、とても効率よく作業を進めることができました。私一人で三十二トンのブドウを生産したのですが、夫は「おお」と言っただけ。でも、彼が褒め言葉に近いことを口にしたのは、それが初めてでしたね。

互いに支え合う夫婦生活、でも夫に謙虚さが欠けていた

キヨも夫も、夫婦の関係を支配する古い日本的な考え方を捨て切ることはできなかったが、互いに対する尊敬、誠実さが、アメリカという環境の中で花開いた。移民としての生活がいかに厳しく困難であったかを語る時にも、キヨは自分たち夫婦が互いに尊重し、非常にしっかりと支え合い、喜びも苦労も分ちあいながら、結婚生活を作り上げてきたことを強調した。

夫とは、何でも、とことん話し合うことができました。彼はよく勉強していたので、とても多くの事を知っていました。子供たちによく言ったものです。「パパは大きな間違いをしてしまったのね。博士になる勉強をすべきだったわ」と。今でもそう思っています。夫は実に頭脳明晰で勤勉です。石や火の粉が雨のように降って来たとしても、驚かないくらい度胸が据わっていました。大学に進学して良い先生に出会っていたら、知性を磨けたでしょう。夫が平均的な知性と努力の人であったなら、今のままの生活で満足してもいいかも知れませんが、夫の持つ潜在能力を最大限に引き出すために、教養のある人たちの手で鍛えられるべきでした。もっと謙虚に他の人の話に耳を向ける必要もありました。夫によく言ったものです。「あなたに一番欠けているのは謙虚さよ。それがあれば、立派な人になれたのに」。でも、そうはなれなかったのですね。

今でも、夫の書いたものがたくさん残っています。自分が正しいと思うと、感銘を与えるような文章にして、投書しました。私は彼に言いました。「あなた自身の考えをはっきりさせるには、広く深く研究している神学者と議論すべきだわ。でも、実際にはそのようなチャンスがない。自分だけの小さな世界を作っているだけなのよ」。

彼にとって挑戦することが必要でしたが、皆の先を走って、かみ合わなくなってしまうのです。結局、していることが無意味になりました。本当に気の毒に思いましたよ。彼に一度だけ言ったことがあります。「いいこと、あなたは一緒にいるのがとても難しい人なのよ。残念だけれど。才能があるのに、それを伸ばす機会がなかった。あなたが言うように、私に特に優れた才能はありません。あなたの妻には、この世界で一番賢いか、一番愚かな人がなるべきだったのでしょう。でも私は、そのどちらでもない。だから二人の間にたくさんの問題が起きてしまうのね」。
そうは言っても、私たちは、とてもおもしろい夫婦でもありました。

当時の日本の女性が夫と遠慮なく話すのは珍しいことだった。もし、キヨの一家が日本で生活していたら、二人の関係は違ったものになっていただろう。キヨは自分が夫ほど知的水準が高い、と感じたことは一度もなかったが、自尊心と判断力の高さには自信があった。夫が理想主義に陥るのを警告し、よく議論をした。

以前、隣のオクイエさんのところである男の人が働いていました。同志社大学の卒業生で、私の家にもおしゃべりによく来ました。ある日、夫が彼に言ったのです。「僕は人生であまり多くの間違いをしてこなかったが、結婚では大失敗をしたよ」。男性が「えっ」と聞き返すと、夫は「『結婚相手を探す時は、相手の言葉を半分信じればいい』と言われている。ところが、僕は家内の言ったことの四分の一しか信じなかった。それでも信じ過ぎだったね」とまで言いました。

それなら、と、私も声を大にして反論しました。「拙速に人を判断してはだめよ。子供たちは今は小さいけれど、成長して聖アウグスチヌスのようになったら、私の本当の価値が分かるようになる。今はただの赤ちゃんだけれど。子供たちの人生は始まったばかり。レースはこれからよ。私の子育てがどれだけ役に立ったか、時が経てば、あなたも分かるようになるわ」。するとその同志社の卒業生が感動したように言ったのです。「わぁー、すごい。ご主人は本当にすばらしい奥さんをお持ちですね」。私の味方をしてくれたので、夫はとても困っていました。本当に面白かったわ。

扱いにくい夫、今は「神からの最高の贈り物」と感謝

以前、セトさんから「結婚して何年ですか」と聞かれたことがあります。「そうねぇ、かなりになるわね」と答えると、彼は「お互いに今でもそんなふうに話しができるなんて、実にすばらしいですね」とうらやましがりました。「ええ、毎晩、話しをするのですよ」と私が答えると、隣の家の人が「お宅は早朝まで灯りがついているけど、何をしているんですか」と聞くので、今度は夫が答えました。「ああ、妻と話すのですよ」。すると、隣人が

「良く話題がありますね」とまた質問です。こんなやりとり、面白いでしょう。夫とは、役所のこと、政治やそれ以外のことも話しました。あるとき、夫と意見が合わなかったのですが、私が聖書の勉強会に出かけなければならず、議論を中断しなければならなくなりました。会が終わって家に帰ると、夫のメモ書きがあった。「今夜の議論では君に分がありそうだ。おやすみ」。彼はぐっすりと寝込んでいたのです。

他に夫と議論になったのは、子供たちの教育についてです。夫は純粋に日本的に育てられたので、子供たちも同じように育てたいと考えていましたが、いくら日本人の二世でも、アメリカで完全に日本式の教育をすることはできません。これは私にとっても問題でした。リビングストンで生活している人は誰でも、無理を通そうとする夫がいかに頑固だったか知っています。私は子供たちに毎晩、日本語を三十分ほど教えました。小さな家に部屋は一つ。夫が宣言しました。「この部屋は子供たちの勉強部屋、家族がスピーチコンテストをする部屋、それから議論する場所として使う」。本当におかしかった。私たちはとても変わった夫婦ですね。

キヨは戦争が起こる前までのアメリカでの生活について話し終える時、次のように締めくくった。

夫は時には扱いにくい人でしたが、私たち夫婦の人生は素晴らしかったと言えます。何故なら、お互いに何でも話せたのですから。この点に関して夫は珍しい人でした。今にして思えば、夫と私の間には何の問題も、まったくありませんでした。夫という贈り物をいただいたことを、神に感謝するだけです。

●アメリカで初めて知った「苦労」

テイコ・トミタ

夫は以前、こう言いました。「アメリカに着いたら苦労するよ」。私は「苦労」という言葉は知っていましたが、実際に苦労を経験したことは一度もありませんでした。夫に説明してくれるように言いました。裕福な家庭というわけではなかったけれど、学校に行かせてもらえたし、それを当然のことと思っていました。自立して自費で学校を卒業することなんて思ってもみませんでした。経済的な苦労を一度もしたことがなかったのです。お腹がすいていても食べずに我慢したこともないし、料理をしたこともなかった。私がすべきことは、一生懸命勉強して良い成績をとることだけでした。

アメリカに発つ前、日本でも「アメリカは不景気の真っただ中にある」と言われており、どの新聞もそう書いていました。それで夫に「不景気って何のこと」と聞くと、「簡単には説明できないね。説明しても分からないだろう。いずれにしても、お前は、あらゆる苦労をすることになる」という返事。それで、もう一度尋ねました。「苦労ってどういう意味なの」。漢字では書けましたが、意味が分からなかったのです。夫は「自分で経験しなければね。苦労に真正面から立ち向かったとき、何なのかすべてはっきりする」と言いましたが、アメリカに着き、エンジェル・アイランドの入国管理局の施設に入れられて泣いた時、「ああ、これが苦労なんだ」と思いました。

新婚生活は初めからついていなかった

入国管理局の検査が終わって解放された後、夫と一週間、ホテルに滞在しましたが、アメリカでの新婚生活は、初めから運が付いていなかったですね。夫が「必要なものを買いに出かけよう。すべて買いそろえてからワパト（ワシントン州）に行く。今日は二月二十八日だから、月の最後の日だな。お金がいくらあるか確認しよう。お前のお金も持ってきなさい」と言いました。夫はポケットやスーツケース、私のスーツケースやハンドバッグと色々なところから、お金を出しました。預金通帳も取り出しました。寝る前にお金を全部集めて、「一週間はこれで十分だ。買い物を済ませてワパトに汽車で戻ろう」と念を押し、ほとんどのお金と通帳を棚にのせ、残りを彼のズボンのポケットに入れたのです。

問題はここからです。泊ったのはパシフィックホテルという二流のホテルで、バスルームが部屋に付いておらず、入浴するために階下のホールに下りていく必要がありました。入浴を済ませ、部屋に戻り、鍵をかけてベッドに入ろうとすると、先に戻っていた夫が「鍵をかけたか」と聞いたので、「ドアが閉まる時に大きなバタンという音がしたから、鍵はかったと思います」と答え、二人ともぐっすり休み、翌朝、遅くまで寝ていました。

目を覚まして部屋の入口のほうを見ると、ドアが少し開いています。椅子に置いておいた夫のズボンはドア近くの床に落ちている。二人ともびっくりして飛び上がりました。現金も預金通帳も、全部、無い。泥棒に入られてしまったのです。「心配しなくてもいい」と夫が言いました。「預金は泥棒が引き出さない限り大丈夫だが、現金はどうしようもないな。お腹がすかないように、ベッドで横になっていなさい」。

朝食のために払う小銭さえ、盗まれてしまっていたのです。夫は知人のシマナカさんに助けを求めに行きました。奈良県出身で私に洋服を持って来てくれた人です。「アメリカは何て恐ろしいところなんだろう」とショックを受けましたが、幸い、夫は信用されていたので、ある程度のお金を借りることができました。借りたお金で、ホテルの外で朝食を取り、ちょっとした買い物もして、夜の汽車に乗ったのでした。

現実生活の難しさを知らずにアメリカにやって来た私が心配しすぎないように、夫が慰めてくれました。「こんなこと何でもないぞ。気にするな。二、三年頑張れば、取られた金を全部取り戻せるさ」。今の欧米の基準からみれば、夫の言い方はあっさりしていたかも知れませんが、自分を気遣ってもらうことなどめったにない日本人花嫁の私にとって、夫の言葉はありがたかったですね。その後も色々、ショックを受けることがありましたが、この時のことも含めて、日本への手紙に書くことはできませんでした。でも、父から娘の私を気遣う手紙を受け取った時は、とてもうれしかった。優しくて思いやりのある父が感じられ、後で手紙のことを思い出すたびに涙がこぼれてしまいました。

ワパトに着くと、すぐに「畑で仕事をするように」と、夫から言われました。草を抜きながら、父からの手紙のことを考えました。父を怖い人とずっと思っていましたが、本当は優しい人だと分かって、一日中泣き続けました。夫はそんな私を見ていたに違いありません。私のところに来て「かわいそうに。アメリカに来なければよかった、と思ってるんだろう」と言ったので、「そんなことないです。そんなことは少しも思っていません」と否定すると、「一日中泣いていたじゃないか」と言い返されました。

それで、「泣いたのは、父から手紙がきて、色々と優しいことが書いてあったからよ。日本にいる時はそんな優しい言葉はなくて、怖い人と思っていた。父に甘えることなど一度もなかったの。話さなければならないことがあると、どう言おうかと準備したほどなのよ。きちんと話さないと叱られそうな気がしていた。手紙で父が本当は優しいということが分かり、とても感動して、うれしくて泣いていたの」と説明すると、夫は「そうだったのかい」と納得したような返事をしましたが、信じてくれているようには見えませんでした。日本での教師の仕事は、農場で要求される肉体労働とは比べものにならないほど軽かったですね。

野菜栽培、労働者たちの食事、子育て……重労働の日々

その後に続く苦労は筆舌に尽くしがたいものでした。どれほど大変だったかは、想像していただくしかありません。でも、大変でしたけれど、料理を覚えました。普通は、農場で働く人は三、四人で、その人たちの食事を作ればよかったのですが、干し草を作る時期には二十人くらいの若くて頑丈な男性を雇ったので、食事の用意も重労働でした。

人との付き合いにも苦労しましたね。農場で働いている人たちは、ほとんどが白人で、英語ができない私は、夫の陰に隠れていました。夫は英会話がとても上手という訳ではなかったけれど、英語で話すのに慣れていたので、彼らとの応対は、すっかり夫に頼り切っ

ていました。私たちが雇わなければならない人のほとんどが白人でした。

干し草を束ねる機械を初めて見た時はびっくりしました。大きくて、乾草を束状にしっかりと縛ることができました。沢山の干し草を大きな俵のように圧縮した束が、私たちの農場だけでなく、ワパトとヤキマの至る所に山のように積み重ねられたのです。誰もが一生懸命に働きました。私たちは百エーカー以上も土地を借り、スイカ、マスクメロン、トウモロコシはじめ色々な野菜を栽培し、シアトルに向けて船で出荷しました。

やがて次々と子供を出産し、それまでのように毎日は畑に出なくなりました。それでも、雇い人のための食事の用意などに子育てが加わって、以前よりも重労働。収穫期にはジャガイモ掘りなどの農作業が待っています。収穫期以外も他の農園のために働き、給料はいただいたのですが、とても骨が折れました。私たちはまだ若かったので、それを苦労とは感じていませんでした。

テイコは日本を発つ時、それまで培った生活様式を全て捨ててきた。書かれたものについての知識が豊富な優れた学生、教師だったが、こまごまとして家事、肉体労働、子育てについてはほとんど知識がなく、農家の妻、主婦としての仕事を一つひとつ苦労しながら、時には試行錯誤しながら覚えていった。

お酒も造りました。ワパトには酒好きが大勢いた。夫は好きでなかったのですが、日本的な心遣いから、雇い人たちに毎晩のようにお酒を振る舞いました。酒屋から買える時はよかったけれど、禁酒法の時代は販売が禁止され、自分で造らなければならなくなったのです。

日本酒の造り方を、近所の奥さんから教えてもらいました。まず、お米を蒸して、テーブルに広げ、冷めたら酵母を混ぜます。米と酵母を決まった割合で混ぜ合わせたものを甕に入れ、熟成を待ちました。皆に晩酌を楽しんでもらいたいと思っていたので、お酒がうまく出来た時は、とてもうれしかったですね。お酒を飲んで楽しそうにしている男の人たちを見て、幸せを感じました。

でも、酸っぱくて飲めずに捨てる、という失敗も二回、三回と続き、その奥さんに助けを求めると、「一度酸っぱくしてしまったら、その甕は使い物にならないのよ」と注意され、新しい甕で最初からやり直しました。「酸っぱいお酒を捨てないように。蒸留酒を造れるから」とアドバイスも受け、ゴム管取り付け用の道具などを借りて蒸留器を作り、失敗したお酒を沸騰させて蒸留酒にしました。農作業より大変でしたが、手伝ってくれたのは友人だけで、夫は手を貸そうとしてくれなかった。それでも何回も繰り返しているうちに、原料の配合などもうまく出来るようになり、とても腕のいいお酒造りの専門家になれました。

世界大恐慌の最中に始めた種苗事業、貧乏が「恵み」に

一九二九年、世界大恐慌に襲われたころ、夫は種苗農場の監督に採用され、私も畑作業から解放されて、短い期間でしたが、家族のための炊事と小さな子供たちの世話だけの楽な生活になりました。

その後、私たち自身で種苗農場を始めようということになり、サニーデールに引っ越したのですが、新しく事業を始めるには最悪の時期でした。大恐慌が来るなんて想像もしておらず、うまくいっていた果物や野菜作りの農場を去って、種苗のビジネスに手を付けたのです。家族全員が大きな車に乗り込み、コロンビア川沿いを走って新しい土地に着いた時、私は赤ん坊をおぶり、小さな子供二人の手を引いていました。元居酒屋の築百年の家に住むことにはなったけれど、とても静かで、小さな村の近くで便利。立派な家に住んでいる日本人は一人もおらず、彼らの家と比べれば、それほど悪い住まいじゃないな、と思いました。でも、二階建ての家は強い風が吹くとガタガタと音がして怖かったです。

全く新しく事業を始めたので、最初の二、三年は赤字を覚悟していました。土地は十年前まで農地だったのですが、荒れ果てていました。低木の茂みに覆われた丘陵地で、家の

真後ろは大木のある小さな丘になっていて、これを苗木畑にして苗木を植えられるようになるまで、丸一年必要でした。毎日毎日、木を切り倒し、枝を払い、大きな根っこはダイナマイトを使って取り除きました。馬で耕し、種を蒔き、お箸くらいの大きさの苗木を植えました。

人手が必要でした。大恐慌で仕事を失った日本人が大勢いたので、雇うのは難しくなかったけれど、まだ私たち自身の収入がない段階で、わずかでも賃金を払うのに、蓄えを取り崩さざるを得ませんでした。

そして、その蓄えがなくなった頃、大恐慌が何を意味するのかを実感する出来事が起きました。商店経営など手広く事業をしていたマサジロー・フルヤの太平洋商業銀行が大恐慌で閉鎖され、彼の銀行や店と取り引きしていた大勢の日本人が被害を受けたのです。私たちは運よく、と言っていいかどうか分かりませんが、閉鎖前に、預金を全額引き出していたので、被害は受けずに済みました。

それでも、賃金支払いで蓄えをなくし、貧乏になったことが「恵み」になりました。子供たちも私たちの苦労を理解し、学校の事務室で働いたり、白人家庭の家事手伝いをしたりして、家計を助けてくれたのです。私自身も、種苗農場でも家の中でも一生懸命働きました。朝五時に雇っている人たちの朝食を作ることから始まり、子供を学校に送り、洗濯を済ませてから、農作業に出ました。家族はもちろん、働いている人たちの衣類も洗いました。三百六十五日、毎日洗濯です。お正月の元旦は、日本人にとって一年で一番重要な祝日ですが、洗濯は休まなかったのですよ。

普段の日は、洗濯が終わると外に干し、農場へ草取りに出かけました。昼食は正午、夕食は午後六時。食事は家族だけでなく雇い人も一緒にしました。全部終わると、できるだけ早く床に就きたいと思っても、毎晩、十一時頃になります。台所を片付け、翌日の準備をし、子供を寝かしつけます。お風呂の用意も大変な仕事です。大きな風呂桶にポンプで水を入れるのが日課になっていましたが、今にして思うと、どうやって毎日このようなことを繰り返せたのか不思議ですね。とにかく皆で一生懸命に働きました。

「内助の功」というものを、日本にいる時に教えられていました。本来の意味は「妻は人目につかないところで、夫を助けなければならない」です。アメリカでも日本でも、今の若い人たちには意味が分からないかも知れないけれど、それが私たちの受けた教育だったのです。私のすることは、夫の助けになる限り、正しいのです。時々、苦労したその頃のすべてが夢だったように思いますね。

妊娠中に、夫が虫垂炎の悪化で危篤寸前に

古いボロ家に住んでいた時、夫が病気になりました。その時のことは一生、忘れられません。ある土曜日の夜でした。二十五世帯ほどの日系人家族がサニーデールに住んでいて、コミュニティごとに置かれた日本語と日本文化を子供に伝える塾の一つが、私たちの農場の一角にあり、正規の学校の放課後に使っていました。その建物で行われる夜の女性だけの会合に出かける時、夫は風邪をひいて寝ていました。

会合中に、娘の一人が私を呼びに来たのです。「パパが苦しんでいる。ママ、家に戻って」。家に着くと夫は痛みで体をぎゅっと折り曲げてベッドに寝ていました。あまりの痛さに話せないほどで、日本人の医師に往診してもらうと、「急性虫垂炎です。すぐに入院する必要があります」との診断。夫は救急車で緊急入院し、手術を受けました。

手術の間、何人かの友達と待合室で待っていると、手術室から医師と看護師が出てきました。医師が、何人かの親しい友達を待合室の外に呼び出しました。何を話しているか分からず、とても不安でした。話が終わり、皆が待合室に戻ってきましたが、とても気落ちしているようでした。

「お医者さんはどう言っていたの」と聞く勇気はなく、そのまま帰宅しました。夫は病院でしばらくの間、昼も夜もずっと特別な看護師に面倒を見てもらいました。退院して自宅

に戻った日に、友達の一人が私に言いました。「お医者さんからは、『ご主人は破裂性虫垂炎で、腹部の至るところに感染が広がっている。熱が出ると一週間しか生きられないかもしれない。奥さんは妊娠しているので、このことは言わないように』と説明を受けていたのよ」。夫は運よく助かりました。四日後に熱が下がって意識が戻り、私に話しかけることができるようになったのです。

一難去って、幼い娘が行方不明に、必死で捜索したが…

ところが……。不幸が続きました。私には今、男女二人ずつ四人の子供がいますが、本当は五人いたのです。下の娘を二歳九か月でなくして、本当につらかった。一生、忘れられないでしょう。

キリスト生誕の日であるクリスマスの二日前、ある年の十二月二十三日のことでした。上の子供たちを学校に送り、他の子供たちは畑仕事の私にくっついていました。クリスマス前に畑の草取りを終わらせなくてはと思い、一生懸命に働きました。

昼食の用意に家に帰る時間になりましたが、お天気が良くて、一区画の草取りを終わらせてから帰りたいと思い、子供たちに「ママはすぐ後から行くから、あなたたちは先に家に戻って」と言いました。しばくして家に戻ると、上の子が台所で本を読んでいました。

下の子のヤエが居ないので聞くと、「ガレージで遊んでいる」と言うのでガレージや家の周りを探しましたが、見つかりません。ご近所の人にもお願いして、畑などもくまなく探しました。クリスマス直前の忙しい時にもかかわらず、総出で娘を探してくれましたが、娘の足どりはまったくつかめず、途方に暮れました。丘を探し、茂みの中を探し、ヤエが行きそうなところは全部探しましたが、駄目でした。

娘が行方不明になって間もなく、警官が来て、毎朝パンを配達しているパン屋に「小さな女の子を見なかったか」と尋ねました。パン屋が「いや、見ていない」と答え、配達を止めて真っ直ぐ店に帰ったのを見て、皆、「様子がおかしい、彼が容疑者だ」と言いました。その時は、私は娘のことで頭がいっぱいで気が回りませんでしたが、後になって「パン屋が容疑者かもしれない」と悩みました。でも証拠が無いのに警察に訴えられるでしょうか。この国では、人を責めるのに証拠が必要なのです。

それでも村の方々は至る所を探し続けてくれました。いくら探しても見つからないので、水路の水をくみ出しもしましたが、無駄でした。探す場所がなくなり、警察も捜査を諦めました。誘拐の証拠も、身代金を要求する手紙も見つかりません。私たちは金持ちでも有名人でもなく、とても古い、ひどいボロ家に住んでいる貧しい、泥で汚れた農業労働者。誘拐の被害者になるには程遠い存在でした。

アメリカの暮らしに幻滅、帰国を考えたが踏みとどまる

クリスマスイブになり、キリストの誕生をお祝いするために、捜索を中止したい、と皆に伝えました。とても悲しくて、生きる意欲をなくしそうになる自分に、「まだ三人の子供がいる、子供たちを残して死ぬわけにはいかない」と言い聞かせました。

アメリカに幻滅し、日本に帰りたくなり、それを繰り返し言い続けたので、夫は怒りました。「お前は自分の事だけ考えている。村の人たち皆が、一年中で一番忙しい時期に、ヤエを自分の娘のように思って、一生懸命探してくれたのだ。そのような人たちを見捨てて、日本に帰るというのか。つらいだろうが我慢しろ。働いて、皆さんにご恩をお返しするのだ」。そして付け加えました。「しばらく日本に帰ってもいい。ただし、もうアメリカに戻って来ない、などと考えるな」。夫の言うことは正しいと思い、日本へ帰らないことに決めたのです。

こういう事が夫の言っていた「苦労」に違いないと、しばらく経ってから分かりましたが、苦労の最中はそれどころではなく、目の前のやるべきことをするので精一杯でした。

本の虫だった学生時代や教師時代の思い出はすっかり消え去り、疲れ果てても止められない労働の日々と「一本でも多くの草を抜かなければ」という強迫観念に近いも

のに取って代わった。瀕死の状態に陥った夫や行方不明の娘を自分の人生のつらい道連れにした。明治の女性として育ったテイコは、楽な人生、苦労のない人生は、決して自分の運命でないことを知った。一九二九年から一九四二年にかけて、彼女は一日十八時間、週七日働いた。そのかいあって、いくらか可能性が見え始めた。明治の日本女性の勤勉さと「一世魂」が一つになって、実を結ぼうとしていた。

少しは楽な生活ができそう・・期待を破った日米開戦

大恐慌が過ぎ去ると、畑で育てた苗木が売れるようになりましたが、家族全員が食べるのに十分な収入にはならず、夫が一エーカー(約四千平方メートル《メートル》)の農場を使って野菜などを作り、卸売市場で売ることで、ようやく安心して生活できるようになりました。夫は「負担がだんだん軽くなってきたよ。長男が畑までトラックを運転したりして、よく助けてくれる」と大喜び。翌年には運転免許を取って公道も走れるようになり、私たちに代わってマーケットまで行ってくれるようになりました。馬も農具も使うことができ、私よりも背が高く、頼もしい青年に育ちました。税金を払えるほどの収入を得るのは難しかったけれど、苗木でなく、ちゃんと育った木にして売れるようになり、少しは楽な暮らしができそうだ、という期待が生まれ始めました。

ところが、ある日のこと。いつものように農場での朝の作業を終えて、昼食の用意に家へ戻ろうとすると、友達の一人が村から飛んで来て、「トミタさん。仕事なんてしている場合じゃないわ。これまで一生懸命働いてきたのが全部、無駄になってしまう」と叫びました。「いったい、どうしたの」と聞くと、日本とアメリカが戦争を始めたことを教えてくれたのです。一九四一年十二月七日、日本軍による真珠湾攻撃の日でした。

●期待していたアメリカでの生活は……

オナツ・アキヤマ

現地の日本語新聞の記事によれば、オナツの夫、ミチハル・アキヤマは、父親に限りない敬意を払い、義理を尽くす青年だった。妻を探すため日本に一時帰国した彼は性格的に申し分なく、経済的にもしっかりした、好ましい結婚相手、というのがオナツの第一印象だった。独立心旺盛だが「甘やかされ、ちやほやされた子」を自認する彼女は、日本社会の特徴だった厳格なしきたりから解放されるアメリカでの新しい生活にも、とても期待していた。だが夫の第一印象の誤りにせよ、船で太平洋を渡る時に徐々に明らかになってきた運命の巡り合わせにせよ、正しい判断ができる手立てはなかった。

ハワイ到着、ホテル代もなく船に泊る

ハワイに着くと、船内で一泊しました。下船して、ホテルに泊ることもができたのですが、夫にはその余裕がなかったのです。でも、その時点では、夫がひどい経済状態に追い込まれているのを知る由もありません。サンフランシスコに着くと、夫の親戚のツツヨ・ハセガワが服や靴など、何でも買ってくれことも、夫の経済状態に疑問を持たなかった理由でした。

ところが実際は、私たちがサンフランシスコに着く前にブドウ園が焼けてしまい、夫はすべてを失っていたのです。ハセガワさんはこのことを知っていましたが、教えてくれませんでした。フローリンに着くと、ドクター・ツダが夫に五十ドルくれました。「アメリカには金のなる木がある」と聞いており、それを信じていました。夫が借金をしているとは思いもしなかったのですが、借金はどんどん増えていきました。

農業労働者としてキャンプからキャンプへ

フローリンに着くとすぐ、懸命に働き始めました。二人で働いても、働いても、ひどい貧しさから抜け出ることはできません。巻いた毛布を担いで、キャンプからキャンプへ移動し、農業労働者として三年間働きました。あるキャンプで一、二か月過ごすと、次のキャンプに移り、そこでまた二、三か月過ごすというやり方で、申し上げるのもみっともないことですが、下着はつぎはぎだらけで元の生地が見えないほど。本当に大変でしたが、それでも、アメリカに来たことを後悔しませんでした。本当に「来たい」と思って来たからです。

夫はフローリンの商店主に三千ドルの借金をしており、それを返すために、私たちはブドウ農場で働きました。近くに銀行がなかったので、返済のために稼いだお金をその商店主に預けたところ、私たちの懐具合を知った彼から借金返済をすぐ始めるように要求され、夫は持っていた給料支払い小切手に全部、署名して渡しました。夫は、とてもつらかったに違いありません。その時、二人のポケットには五セント白銅貨さえ一枚もなかったのですから。

でも、夫はよく言っていました。「お金を借りることで助けられた。借金を返す人も、返そうとしない人も、助けられたことに違いはないんだ」。小切手を全部、モリさんに渡さねばならなかった理由を夫流に説明したかったのでしょうが、完済しようとする人とそうしない人の違いを無視するような言い方はどうか、と思いました。一時帰国する時、モリさんがオレンジ一箱と五十ドルの小切手を持ってきてくれました。旅の無事を願って友人にお金を渡す「餞別」と言う日本人の習慣に倣ったのです。三千ドルの借金の返済がまだ済んでいなかったので、小切手は返し、オレンジだけをいただきました。

夫に先妻、自分は再婚相手だった

このつらい時期に、夫が私と一緒になる前に別の女性と結婚していたことを知りました。でもそのことを前向きに受け止め、先妻が夫の父親からとても可愛がられていたと聞いて、「良い嫁」になろうと、一層、懸命に働きました。夫が先妻と結婚したのは二十歳くらいの時で、先妻は十五歳と七か月でした。彼女は朝早く起きず、甘やかされていたのでしょう、夫がテーブルを拭いて朝の準備を手伝おうとすると、「手伝って欲しくない」と言って物を投げ散らかしたそうです。二人は結婚生活を三年続け、四十エーカーのブドウ農場で働きました。夫はとても勤勉で真面目な人で、彼女と将来を共に過ごすのは無理、と判断したのでしょう。リンカーンの洋ナシ農場で三年間、小作人として働くことになった時、彼女を連れて行きませんでした。彼女が夫を拒絶して去るように、とても慎重に事を進めた、と聞きました。

先妻のことを知る前、一時帰国した時に不思議なことがありました。夫は、私たち家族に「岡山にいる友人に会いに行く」と言い、タクシーに乗って行きましたが、かなりの距離ですから、タクシー代も高かったと思います。後で岡山への旅行について尋ねると、本当は先妻の戸籍を移しに行ったことが分かりました。彼女は岡山出身だったので、夫の戸籍から抜いて、実家の戸籍に戻してもらいに行ったのです。

それで夫は、先妻の束縛から自由になりました。戸籍を戻さなければ、彼女は今でも夫の妻であり続けたでしょう。先妻は病気がちで、とても小柄だったようです。私は彼女の物が残っていないか、家中を探し回りました。彼女に嫉妬していたのかも。上の方が切られたストッキングを一足見つけました。彼女には長すぎたのですね。それで、小さな女性だったことが分かりました。

夫の父の友人だったヤマサキさんは、夫を気の毒に思い、父にお金を貸し、父はそのお金を「日本で新しい嫁を探すように」と夫に渡しました。それを知って、「アキヤマは幸せな男だな。途中で馬（妻）を換えることができるんだから」と言う人がいたのです。人の心の中では何が起きているのか分かりません。私たち夫婦や先妻のことも、あれこれと言われて、嫌でしたね。

義父から借金して店舗を入手、食料品店を始めた

多くの一世の女性は、夫と対等なパートナーとして畑で働くことで、気持ちを抑え込まず、自尊心を高めた。アメリカでの六年にわたる骨の折れる労働と日本での縫製の仕事の成功という二つの経験を元に、オナツは自信をもって経済について意見を述べたが、明治の日本では、嫁ぎ先の家庭で何年も過ごして初めて家計を管理できるようになるのが普通の嫁のあり方。だから、オナツも、アメリカで新しい事業を始める時、夫に直接助言することには、ためらいがあったようだ。

アメリカに来て六年後、私たちはお店を買いました。夫が父のためにお正月用のモチを作ろうとフローリンに戻った時、お店が売りに出ていることを聞いたのです。幸運の前兆だと思いました。モチやその他の正月料理を食べることは、日本人にとって特別な意味があり、アメリカの日系人社会もその習慣を大事にしていました。商売について、ある程度のことは知っていました。「畑仕事を続けるのはかまわないけれど、商売にも手を出すのがいいと思う。商売をやってみたいわ」と夫に言いました。お店の値段はたった千ドル。夫の父にこのことを話し、五百ドル貸してくれるように頼みました。私たちが結婚するまで、夫がお金をためて父にあげていたこともあり、父は相当のお金を持っていたのです。

夫は植木仕事で四か月働いて九百ドル以上のお金を作り、父からの借金と合わせて、お店を手に入れ、私たちは鮮魚と食料雑貨品の店を始めました。

二人の方との共同経営の形をとったので、彼らの家族にも非常に気を遣い、神経をすり減らしました。お腹には二人目の赤ん坊がいましたし…。サクラメント郊外、エルクグローブ近くの四百エーカーのブドウ農場で働く二百三十人の労働者に毎日朝九時までに食事を提供する、という大口の注文を取り、豆腐や他の料理を作りました。彼らの宿舎に着くと、全部の食材を車から降ろし、肉や野菜を細かく刻みました。豆腐は十分な塩水がないと、柔らかすぎてくずれてしまい、始末に負えません。毎朝四ガロン（約十六リットル）の豆腐を作りましたが、とても大変。宿舎には感じの悪い女性の担当者がいて、配達が数分遅れただけで、文句を言われ、際限なく説教されました。

シーバスという魚や肉、野菜などを三年間、免許証なしでトラックを運転して配達しました。ある時、豆腐一缶を運転席の横に置く必要があり、片手で容器を押さえ、もう一方の手でハンドルを握っていたのですが、溝に突っ込んでしまった。車がほとんど通らない場所で、動けずにいると、トラックが通りかかり、助けてくれました。免許証なしで運転していたのに、この程度で済み、大きな事故も起こさずにどうにかやって来れたのは、奇蹟ですね。

夫は懸命に働き、睡眠時間はほんのわずか。二時間しか眠らないことも時々ありました。でも、私たちは全力を上げて働いたので悔いはありません。夫は若くして亡くなりましたが、「ああすればよかった、こうすればよかった」と思わないことにしています。

店は朝六時ごろ開けて、夜九時に閉めることにしていましたが、夜の十一時まで閉められないことも時々。大晦日は、片付けを終えると元旦の午前二時になっていました。皆さんが元旦に食べるお寿司や七面鳥など、手間のかかるご馳走を作ったからです。お店の商売が繁盛するようになって、食料配達は止めました。とてもきつい暮らしでした。

今は何もしなくていい。天国のようです。人生は本当に素晴らしい。これまでの苦労や痛みは、私に多くのことを教えてくれたと感じています。とても感謝しています。夫はとても厳しく真面目な人でした。いろんなことを何時間も教えてくれました。時々振り返って、独り言を言います。「その通り。あれもこれも、夫の言うことはまったく正しかった」と。夫に叱られるのは、その時は嫌でしたが、今では感謝しています。過去の出来事に感謝できて、私はとても幸せです。苦労しただけだった、とは思いません。明治の女として体に染み込んだ忍耐がとても役に立ちました。

大恐慌で食料も買えない人々を助け、ずっと感謝された

世界大恐慌の時を思い出します。食料を買えない日本人が大勢いました。年に一度か二度、イチゴの収穫期に手伝いをして給料をもらう家族もいました。夫はそんな人たちにも食料を売りました。子供を八人も九人も抱えた家族もいましたが、私が「あの人たち、お金を払ってくれると思うの」と聞くと、夫は「そんなことを言うな。あの人たちは大変な思いをしているんだ」と私を諭しました。そして彼らに、後払いで売ったのです。

トン単位でお米も売っていましたが、利益は一トンにつき、たった十五セント。「パパ、それじゃガス代も払えないじゃないの」と文句をつけると、夫は「心配するな。この事が私たちを助けてくれる時が来るかもしれない」と言いました。ある家族を訪ねた時のこと、何の具も入っていないトマトスープのようなものを飲んでいるのを見て、とても気の毒に思い、お金を返してもらう見込みがなかったけれど、「後払いでいいから」と食料を渡しました。

借金を返さない人もいました。その人は、道やお店で会うと、いつも顔をそむけていたのに、返済を要求しないことを知って態度が変り、「おや、まだ生きていたんですか」と小馬鹿にするような声をかけるようになったのです。最近亡くなりましたが、そのような人たちもいたのですよ。

子供を十一人も抱えたカマダさんのような人もいました。当時は、避妊はあまり一般的でなかったのですが、その人はある時、「コンドームを使っても役に立たない。だから、子供が増え続けているんだ」と言い訳をしました。私は「それは、コンドームを使っていないからでしょう」と嫌味を言ってみたものの、夫に「これ以上子供が増えると困る人のためにコンドームをたくさん仕入れてください」と頼み、家計が苦しい人たちには、店に野菜を買いに来た時、コンドームをただで差し上げました。

カマダ夫婦が亡くなった後、お子さんのうち二人から手紙をもらいました。とても素晴らしい内容で、私の子供たちのためにも、と思い、今でも大切に取ってあります。手紙にはお子さん全員のサインがあり、「両親に代わって、私たちにしてくださったご親切に感謝します。ご好意は決して忘れていません」というメッセージと共に、六百ドルの小切手が同封されていました。お子さんたちは、ご両親がいつも話されたことを覚えておられたに違いありません。本当に素晴らしい人たちです。

手紙をいただいた後に、お子さんたちに会いましたが、皆さんとてもご立派で、「あなた方のお子さまたちも、皆さんのように素晴らしい人になりますよ」と申し上げました。今から何か月か前に、フレズノに住んでいる娘さんの一人から、「私のためにも幸せでいてください。息子たちもとても良い若者に成長しました。すばらしい柔道家になりました」と書かれた手紙をもらいました。息子さんの写真が二枚同封されていました。恩を忘れないこのような人たちは将来、大きな成功を収めるでしょう。彼らから、私は多くのことを学びました。とても苦しい生活をしても、その人次第で得るものはあるのです。

オナツが最初に説明を始めた時、一族の歴史―責任、義務、そして成功―は、何世代にもわたって引き継がれているもの、という確信を強調した。カマダ家との関係はオナツにとって特に大事だった。夫はずっと以前に亡くなっていたが、カマダ家との関係によって、夫の他者を信じる心を確信し、夫との絆を改めて強めたからだ。

仏壇の引き出しに、今も、カマダさんのお子さんの手紙をしまってあります。私の子供たちへの良い教えになるに違いありません。いただいたお金はとても貴重なものでしたから、夫の位牌の前にお供えしました。お金は定期預金証書にしました。大事なお金を使う気にはとてもなれません。このように立派な人たちもいたのです。

遊び人の義父のわがままに手を焼く

オナツは、褒美が欲しくて懸命に勉強した学生時代とともに、辛かった日々についいても詳しく語った。「退屈で制約のある日本での生活からどうにかして解放されたい」と心から望んでいた彼女は、アメリカでの生活を選んだ。その結果、貧しい新生活を送ることになったが、不満を漏らすことはなかった。畑で懸命に働き、小さな食料雑貨店を開いて、夫を助けた。「良い妻」であろうとして熱心に働いたが、それは日本人にとっては「良い嫁」になるということでもあった。夫の父は、身体が丈夫で、とても気難しい人だったが、彼についての彼女の話からは、生き生きとした姿が伝わってきた。オナツは彼の熱意に共鳴していたのかもしれない。

夫の父、つまり義父は軍人でした。日清戦争、日露戦争で戦い、「日露戦争では行軍中に死ぬ覚悟をした」とよく言っていました。白兵戦で負傷し、死んだふりをして横になり、敵に刺し殺されようとした時は、その前に銃で自殺するつもりだったそうです。後で勇敢な行為を讃えられ、勲章をもらいました。これは彼のお気に入りの話でした。つけていた日記は、一族の墓の中で彼のお骨と一緒です。

素晴らしい声をしていました。文章も上手だったし、とても人から愛されていました。何でもよく覚えていたので、皆から「歩く歴史書」と呼ばれていたほど。とても腕のいい大工さんでもあり、お城の修復をしたこともあったそうです。お城の修復がほぼ終わると、シンボル―魚の形をしていました―のある一番高い屋根に上り、「俺と魚とどっちが高いところにいるか」と言って、下にいる人々に見せびらかしました。皆はこの悪ふざけを面白がったかもしれませんが、お殿さまへの大きな侮辱。修復を祝う集まりが開かれた夜、女中の一人が「親方が怒り狂っていますよ。早くお逃げなさい」と忠告してくれ、そのお陰で命拾いをした、ということです。

相当な色男でもありました。日本にいる時に、五回も結婚しています。さぞ元気だったのでしょう。よくこういう会話を交わしました。「わしには女房が七人半いたんだぞ」「変ですね。『半』とはどういうことですか」「最後の奴はわしの家に着かないうちに自分の家に戻ってしまったのだよ」。そう言っていつも笑っていました。そのような彼は、親から「分家」扱いにされ、財産を受け継ぐ権利を取り上げられてしまったのですが、夫は義父の生前に、日本に立派な家を建ててあげました。

でも、義父と一緒に暮らすのは、とても大変で、「ひどい」の一言に尽きました。食料雑貨店をしていた時、いいお肉を自分で切り出してきて、「さあ、これを焼いてくれ。レアでな」とよく言いました。炭火で焼くのですが、その時に「おじいさん、もうちょっと焼いたほうがいいですよ」などと言おうものなら、「なんだと。わしにうまい肉を食わせないつもりか。わしには上等すぎるとでも言うのか」と怒って、焼いたお肉もお皿ごと地面にたたきつけたことでしょう。そんな一面もありました。

夫が最初の奥さんと新居を構えた時、義父はとても孤独になり、ある未亡人の家で暮し始めました。その後、自分の住まいが必要になり、私たちが結婚してから、家を借りてあげました。彼は結局、再婚し、土地を一区画買って、しばらく新しい奥さんと生活しましたが、軽い脳卒中で倒れた時は六十代後半になっていました。それで、私は夫に「お父さんを帰国させるのが私たちの務めじゃないかしら」と言いました。当時、高齢の日系人は「死期が近い」と感じると日本に戻ることが多かったのです。日本なら遺体が適切に扱われる、という判断もあったのでしょう。しかし、夫は「何を言ってるんだ。親父を帰すためのお金なんか無いぞ」と拒みました。

当時は大恐慌の真っただ中。とても厳しい時代だったのです。それでも私は、義父を日本に帰すべきだ、と言い続け、七百ドルの現金を夫に見せました。夫は聞きました。「このお金はどうしたんだ」。私が不正にこのお金を手に入れたのかも知れない、と疑っているようなので、「空き箱を売ったお金を貯めておいたのよ」と説明したのです。仕入れに使ったレタス用や果物用の箱は一個五セントで買い取ってもらえました。それを聞いて、夫はとても喜びました。明治の日本社会で学んだ倹約の教えが報われたのです。

前に申し上げたように、夫は自分の父のために日本に家を建てていました。その家で父の世話をしてもらえるように、いとこを父の戸籍に入れてもいました。父は日本に帰ると、夫のいとこを息子として受け入れました。日本にいる夫の父方の親戚はこのいとこだけで、彼は父の財産をほとんど受け継ぎました。わずかながら日本に財産を残していたのです。義父は「再婚した相手を日本に連れて帰る」ことを希望しましたが、彼女が出した条件は義父にとって受け入れがたいもので、「帰国したくなったら、自分の土地を売ってその金で来るように」と言い残して一人で帰国しました。

再婚相手は、後になって帰国を希望し、土地を売ろうとしたのですが、うまくいかず、義理の娘に連れられて、私たちのところにお金を借りに来ました。当時、私たちはフローリンで食料雑貨店をやっていて、商品が豊富にあり、彼女にも食べ物をたくさんあげました。我が家の貯水槽が見えるほど近い所に住んでおり、貯水槽を見るたびに「ありがとうございます」と私たちへの感謝の気持ちを表わしていたそうです。彼女はストックトンのホテルでしばらく働き、日本に帰りましたが、父のところには行かなかったようです。広島で亡くなった、と聞きました。

――オナツの自立心と日本人としての義務感がぶつかり合った時、彼女と義父の関係は葛藤の焦点となった。葛藤は父が帰国する直前に頂点に達した。

子供四人と十五人の雇い人、店の仕事に炊事・・義父の仕打ち

私たちには子供が四人いました。食べさせなければならない雇い人も十五人いました。これだけの人数の食事を朝昼晩と作らなければなりません。お店の仕事もあり、そうしたことをきちんとしながら、義父の帰国の準備をし、みやげのお菓子なども入れて荷造りをしました。日本に着いたらすぐに着物が買えるようにある程度のお金を用意し、「お父さん、しばらく着物を縫っていないので、用意ができなくて御免なさい。それに私が作ってもお父さんの好みに合わないと思うので」と説明したのです。すると彼は腹を立てて「何、できないだと。息子の嫁は大ばか者だ」と怒鳴りました。夜の九時のことです。

店を閉めた後で、夫がやって来て、「何でけんかなんかしてるんだ。言い分を聞こう」と間に入りました。それから二時間も、私は義父と主張し合いました。夫は辛抱強く聞き続けた末に、「分かった。だが、いずれにしてもママは父さんを怒らせるべきじゃなかった。謝った方がいい。座ってお辞儀をし、謝りなさい」と言ったのです。日本の家庭では、名誉や手柄だけでなく不名誉も分かち合い、謝ることを慎重に避けてきました。謝ることは「家族全体の不名誉」になるからです。私は泣いて泣いて……本当に悔しかった。

私は日本でしっかりとしつけられ、正しく振る舞うことも教えられた、と思っていました。両親は学校で裁縫、お花、お茶も習わせてくれました。それが今、気が動転するよう

な状況に置かれてしまったのです。両親にこのことをどう説明したらいいのでしょう。義父に謝ることで、私だけでなく、両親も不名誉を受け入れることになる……。私は泣きやむことができなかった。それでも夫は、私に謝るべきだと強く言うので、つばなどで汚れた床に座って、頭を下げました。夜も十一時を回っており、謝るしかありませんでした。

その晩は、色々と考え続け、朝四時ころになってようやく考えがまとまったので、夫を起こし、「もう一度、お父さんのところに行って、謝ったほうがいいと思うの」と言いました。名誉とか不名誉を問題にせず、心から謝ることにしたのです。おわびに刺身とタコを用意して、義父の家に向かったところ、彼も眠れずに同じような気持ちでいたのでしょう、道の途中で出会ったのです。「お父さん、ひどいことを言って本当に済みません。許してください。私が悪かった」と謝ると、「分かってくれれば、それでいい」と許してくれました。その後、私たちの間に問題が起きることはありませんでした。彼はそういう性格の人だったのです。帰国前に新車を買い、日本に持っていきました。日本では、地元の人たちが総出で歓迎してくれたそうです。

戦後、私たちが義父の村を訪問したとき、彼は、近所の人たちに言いました。「息子の嫁はとても賢い、良い人だ。俺がつまらん義理の父親だったのに、争うようなことをせず、忠義を尽くしてくれたんだよ」。皆にそう言ってくれたのです。

義父が帰国、夫の留守中に店舗経営で手腕発揮

オナツは、一族の厳しいしきたりから完全に自由になろうとは、決してしなかった。日本人社会の多くの制約が骨身に染み込んでおり、疑問を持たなかった。それでも自分の才覚を信じ、チャンスが来ればいつでも主体的に行動した。

義父が一人で帰国するのは無理なので、夫が付き添いました。手持ちのお金を全部持って行ったので、残された私が店をやりくりするのはとても大変でした。従業員を連れて集金に回り、苦しい台所事情を説明したのですが、何人かから「お金があるから貸してくれたんでしょう」と嫌味を言われ、私は言い返しました。「夫が父親を連れて日本に帰らなければならなかったんです。買い物をされたら、現金で払ってください。ツケにしていた方は、給料日に清算してくださいね」。

すると、大勢の人が「もうあんたの店では買わない」と言いました。私たちに対して借金を沢山しているのだから、私たちの店を利用するのが当然でしょう。それなのに、彼らは店の前を通り過ぎる時、板張りの道で大きな音をたてて歩き、別の店に買いに行ったのです。でも、「人生でいちばん大切なのは誠実さと正直さだ」、という信念は変わりません。

夫が帰国している間に、店の経営も店舗も思い切って改めました。雇い人を解雇し、店

舗を改装し、商品を棚卸ししました。私に事実上の経営権があるのですから、自分の判断でやりました。戻って来た夫は、とてもびっくりしていましたよ。女は家族を陰で支えるのが日本の慣習でしたから。何があっても義父を一人で帰国させるわけにはいかず、夫を一緒に行かせたのです。

夫が日本に帰国した時、私はまだ若く、三十歳くらいでした。ある日のこと。真夜中過ぎだったと思いますが、ドアをたたく音がしました。知り合いの男でした。「すみません。子供が熱を出したので、アイスクリームを売ってください」と言うので、気の毒に思い、店に入れましたが、本当の目的は「アイスクリーム」ではなく「私」だったのです。ドアに向かって逃げました。彼は非常に下品な人で、それ以来、私の目を見る勇気をなくし、道ですれ違っても顔をそむけました。でも、それほど恥ずべきことをしたのに、地域社会では尊敬されていました。外見だけで、女は気を許してはなりません。

フローリンは住むには良い場所で、日本人が大勢いましたが、私たちが来る前はひどかったそうです。でも、私がそのような目にあったのは一回きり。運が良かったと言えるかも知れませんね。店はとても繁盛しました。夫がとても正直な人だったからだと思います。大もうけするわけではなく、貧乏を続けていましたが、正直が幸いして、夫は友達から借金をすることができ、義父が帰国して数年後に、私を日本に一時帰国させてくれました。

一時帰国して夫の地元に多額の寄付、そして戦争

日本には五十日いましたが、観光や娯楽に出かけることはせず、村の学校や神社の崖が崩れないようにする防護壁の建設費を寄付したり、アキヤマ家の墓地を整備したりしました。消防署にも幾らかの寄付をしました。あちこちにアキヤマ名義で寄付をし、義父の命もそれほど長くないことが分かっていたので、アキヤマ家の「歴代箱」も作りました。歴代箱は何世代にもわたって遺骨を納めることのできる広いスペースのある納骨用地下室です。当時のお金で二万円かかったと思います。親戚は「墓地には他の兄弟も関係があるのだから、費用も皆で分担しよう」と提案してくれましたが、「他の兄弟はお父さんの世話をしてくれていますし、これからもお墓の世話になるでしょう。私はアメリカに戻らなければならないので、お世話をお願いすることになるのです」と説明して、申し出をお断りしました。

義父は「お前の地元のためにも、何かした方がいいんじゃないか」と言ってくれたものの、その時には、アキヤマ家のために所持金を使い果たしていました。戦後、日本に帰国した時には、貧しくて、村のために何もできませんでした。余裕がある時に、地元に寄付

しておくべきですね。あの時、村のために何がしかのことができて、とてもよかったと思います。

　私たちが世界大恐慌から立ち直るのに、それほど時間はかかりませんでしたが、その後に日米の戦争が起きて、大勢の客から借金を回収できなくなりました。私たちの親切に感謝して返済してくれる人たちもいましたが、そうでない人たちもいました。後に息子が店を引き継ぎましたが、嫁ではなく私に借金を返す人たちもいて、嫁に渡しました。私たちは一つの家族であり、息子が家長なのです。息子たちは皆、戦争当時のつらい日々を忘れていますが、それでもいいのです。今は、何の心配もなく過ごせるようになって、とても感謝しています。私たちには白人のお得意も大勢いましたが、少なくとも戦争が始まる前は、不愉快な経験をさせられることはなかったですね。

●馬小屋のような住まい、初めての農作業

イヨ・ツツイ

―イヨ・ツツイはセツ・ヨシハシのように花婿の代理人と日本で結婚し、写真花嫁と

―――してアメリカに発つまで、夫の家族と暮した。夫の母が好きだった。日本を去ってからも、自分の健康や生活を心配してくれた彼女のことを忘れることはなかった。

以前、私たちの友人の一人が日本にいる義母を訪ね、「アメリカでは『妻を畑で働かせるのは恥ずかしいことだ』とされているんですよ」と語ったので、義母は、私がアメリカに渡って、のんびりしているのだろう、と思ったそうです。また、「息子さんは馬を十二頭持っているから、奥さんは馬に水をあげるくらいはするでしょう」とも言われたので、義母は、私のアメリカ生活がそのようなもの、と考えたといいます。ところが、現実は大違い。一等船室で海を渡り、船を下りたときに、「豪勢な暮らし」と別れを告げなければならなかったのです。

夫はカリフォルニア州のサクラメントから車で三十分のストックトン近くにあるオランダ地区で、共同経営者と豆を育てていました。日本から着いた私は、サンフランシスコからストックトンまで蒸気船に乗せられ、そこからオランダ・キャンプ七番に連れて行かれました。半日がかりで、夕方に着きました。周りを見渡して驚いたのですが、人が住めるような家は無く、どれも馬小屋のようなのです。夫に「どこで寝るの」と聞くと、「あれだよ」と指差したのはひどい建物でした。日本だったらどんなに貧しくても、これほどひどい家に住んでいないのに、とショックを受けました。

風が吹くと、家中が泥炭の粉で黒くなりました。壁は縦十二インチ、横一インチの板で出来ていて、板と板の間には隙間が。本当にびっくりです。夕方、畑から戻った皆の顔が泥炭で真っ黒なのを見て、とても農作業はできないと思い、しばらく畑に行きませんでした。

キャンプには本館があり、小作人として働いている人たちは、食堂で一緒に食事をしました。キャンプのボスが家族の人数分の部屋代と食事代を徴収しました。本館には料理人やヘルパーも働いていて、家族ごとに住まいがあり、独身者には寮がありました。日系人の中で、ノムラさんとヒロナカさんはある程度の土地を借りており、それを再分割して他の日系人に小作契約をして貸していました。小作人は売り上げの六割、彼らは残りの四割を取り、そこから地代を払ったのです。

畑に出ないでいると、ある日、夫が言いました。「ここでは女性も畑で仕事をしている。金持ちの奥さんのように家にいると、みんなの笑いものになるぞ」。私がアメリカの女性について聞いていたことと反対で、悔しいと思いましたが、「分かりました。外の仕事を始めます」と答えました。当時は従順でしたね。鍬で畑地を掘り起す仕事に出かけましたが、ちゃんとできるかどうか自信がなく、それに暑くて、とてもつらかったです。鍬を一度も使ったことがなかったので、みんなの中で作業が一番遅く、隣の女の人から「ツツイさん、鍬で耕すのはこの国で一番簡単な仕事なのよ」と言われてしまいました。これが一番楽な仕事だとすると、他の仕事はもっと大変だ、と覚悟しました。

――生活環境の激変や厳しい労働にショックを受けたが、写真花嫁としてのイヨの結婚は、夫の理解もあり、基本的に成功したと言えるだろう。イヨは自分以外の写真花嫁の苦労を語った。

家族を捨てて駆け落ちする〝写真花嫁〟もいた

写真花嫁が出会う大きな問題は、写真と本人が、時として余りにも違い過ぎたことでした。オランダ地区に、馬を仕事にしている九州出身の男の人がいて、頭にやけどの痕があり、顔には天然痘のような傷痕がありました。日本から、背の高い美人の花嫁がやって来た時、入国管理局の担当官がその男の人と引き合わせ、「この人があなたの夫となる方ですか」と聞くと、花嫁は、持っていた写真の男の人と全く違うので、「いいえ、違います」と否定しました。夫になる人は、他人の写真を手に入れて、彼女に送っていたのです。

花嫁はそれを知って「日本に帰りたい」と怒りましたが、影響力のある人の奥さんからアメリカに留まるように説得されて、結局、一緒になりました。子供も生まれました。誰もが、背が高くて美しい彼女を気の毒に思いましたね。旦那さんは背が低くて、顔には傷痕があったのですから。この現実を受け入れるのは非常につらかったでしょうが、うまく落ち着きました。

私がストックトンに来たのと同じ時期に日本から来た女性がいました。彼女は夫を嫌って「別れたい」と言っていましたが、結局、別れなかった。子供たちのためでした。

一世の女性は、「子育ては、女性であることと、ほぼ同義語だ」と信じるように日本で育てられた。いったん母親になると、女性の生活は子供中心となり、子供の成長過程に合わせて自分の人生の出来事を思い出すほどになった。そのような妻は、嫁ぎ先の家族や浮気をしている夫とうまくいかないつらい生活を、生涯にわたってしたかもしれない。だが、試練がどんなものであれ、女性は「家族のために耐える」という「道徳的義務」があり、一世の女性たちはそのように生きたのだった。

困難を乗り越えられなかった写真花嫁も数人いました。夫の元を去った妻たちは、とても不安になり、他の男と一緒になり、家族を捨てました。私に「あなたの旦那さまのような男と町を歩きたかったわ」と言う人もいました。確かに夫はハンサムでしたが、それはともかく、彼女は夫と子供たちを捨て、高知県から来た男と駆け落ちしてしまいました。同じような女性が何人かいましたね。夫が耐え難い男だったら、私も家を出ていたかも知れません。

専業主婦でいたいとも思いましたが、夫に協力しました。ところが、畑で仕事を始めて間もなくのこと、喉が渇いてサクラメント川につながる用水路の溜まり水を飲んだところ、翌朝になって熱を出してベッドから起き上がれなくなってしまった。夫は町に出かけて家におらず、雇い人たちが食事に出てこない私を心配して、ノムラさんが代表して様子を見に来てくれました。私が「気分がすごく悪くて起き上がれないの」と訴えると、彼は「マラリアに違いない」と言って、夫を呼び戻してくれたのです。マラリアになると、まず、寒気がします。六月の暑い日だったのにとても寒く、布団を二枚重ねても、まだ寒く感じました。ところが、三十分もすると、今度はとても暑くなり、着ているものを全部脱いでしまった。白人のボスは、私が畑に出て来ないので心配し、夫から私がマラリアで寝込んでいる、と聞くと、薬を買ってきてくれたのです。その薬を飲むと、お小水が紫色になり、病気が治りました。

苦労の末、自分たちの土地を手に入れたが

私たちはオランダ地区に一年いました。その前はストックトン。夫は、私と結婚する前に大損をしましたが、結婚した年は、豆が豊作で借金を清算できる額のお金を稼ぎ、次にタマネギを作って、さらにお金を儲けました。タマネギのシーズンが終わると、豆を作るためにオランダ・キャンプ一番に移り、一年働いて別のキャンプに行き、それからまた、ストックトンに戻りました。お金を稼げる場所を求めて、あちこち移動したのです。

人生で一番つらかったのは、土地を借りて耕作していた時期ですね。毎朝四時半に起き、ロシア人の労働者たちのために朝食を作り、台所を片付け、皆よりも一時間遅れて畑に出かけ、十一時になると家に戻り、昼食の用意をします。午後は皆が作業に出かける時、一緒に出かけ、少し早めに戻って夕食を作りました。台所の片付けが済むと、お風呂を沸かし、そのための薪も割らなければなりません。台所でも薪を使いました。重労働で、力仕事でした。「日本に居たら、こんなに一生懸命に働く必要はなかっただろうに」と時々、思ったものです。

初めてアメリカに来た時、料理の仕方が分からず、ご飯を炊くこともできませんでした。日本にいた時は、母や姉たちがいたので自分で料理を作る必要はなく、洗濯の仕方さえ知らなかったのですよ。当時は、たらいと洗濯板を使っていました。家の外でお湯を沸

かし、石けんを薄く削って入れ、それから衣類を白いものを先にして入れ、沸騰させ、すすぎます。これらのことは全部、夫が教えてくれました。

それはとても手間と時間のかかる、大変なことだったに違いないが、イヨの話に、自分への憐みや人生への不満は出てこなかった。人生で最もつらかった出来事の話をいったん脇に置き、気力を取り戻すように、今も暮している土地での長い歳月に話題を変えた。

私たちがこの土地を買ったのは一九四〇年だったと思います。一九一三年と一九二〇年カリフォルニア外国人土地法は、私たちが土地を買うことを禁じましたが、こちらで生まれた在米二世と呼ばれる子供たちは、成人すれば土地を買えたので、この土地を、既に成人していた三女の名義で手に入れました。

末っ子が川で溺死、悲しみを乗り越えて

私たちには子供が六人いたのですが、そのうちの一人を失いました。一番下の息子、サクが川で溺れてしまったのです。私たちは川に柵をしていませんでした。何でも川で洗っ

ていたし、お風呂の水も川からポンプで汲み上げ、川にはいかだもありました。

ある日、私がセロリ畑で雑草を抜いていると、一番下の娘から、「サクはそっちにいるの」と聞かれましたが、そばに彼が見当たらなかったので、「いないわよ。そっちじゃない。サクを叱ったんじゃないの」と返事をしました。彼は叱られるといつも自分の部屋に隠れたからですが、娘は「叱ってなんていないわ」と否定しました。探し続けましたが、息子は見つかりません。

その時、上の息子のミノルが「そう言えば、いかだに西洋ナシを置いてあったね」と思い出したようにつぶやいたのを聞いて、（ナシを取ろうとして）川に落ちたのかもしれない、と考え、川のそばを探し始めて間もなく、夫が長いさおで川底を突くと、サクが浮いてきたのです。急いで病院の緊急救命室に運びました。付いていた夫に容態を尋ねると、「蘇生しようとしているところだ」と言っていましたが、その十分後に、籠に入った息子が出てきました。サクは死んでしまったのです。

賭け事で身を持ち崩す男も…夫は真面目

日本からアメリカに渡って数年もたたないうちに、活力にあふれた若い〝写真花嫁〟は、思いも拠らない失望、農業労働者としての過酷な暮らし、そして末っ子の死に直面した。息子を亡くした思い出を語ることで落ち込んだ気分を転換しようと、イヨは、明るい思い出に話題を変えた。それは今も続く夫への敬意と、自分を支える彼の価値観についてだった。

夫はとても真面目で働くことに熱心な人でした。結婚する前、ミシシッピー川の流れるユタ州まで行って、鉄道関係の仕事をし、次にコロラド州の砂糖工場で働き、さらにユタ州のブリガムの鉱山で働きました。懸命に働いたのは、お金を貯めてカリフォルニア州で農業を始めたかったからです。ブリガムでは他に楽しみが無かったからでしょうが、賭け事がとてもさかんでした。夫はまじめな仲間と一緒に働き、皆で賭け事をしない約束をしました。賭け事師たちは二人のところにボタモチを持って来たり、色々と誘いをかけてきましたが、二人とも誘いに乗りませんでした。彼らは「二人からお金を巻き上げられなかった」と嘆いていたそうです。夫は、それほど真面目で、大恐慌に見舞われた時も、ある程度の蓄えをもっていて助かったのです。後払いで食料を買う必要はありませんでした。

知り合いに、生活にとても苦労した一世の女性がいました。旦那さんが賭け事にのめり込み、子供の靴を買う余裕さえなかったそうです。救世軍に助けられた一世の男性もいました。賭け事に狂い、奥さんが未亡人のように髪を切って抗議しても、賭け事を止めなかった。ある日、彼のところに、救世軍の少佐でこの地域を巡回していたマサスケ・コバヤシ牧師が来て、「賭場撲滅運動」の話をし、それがきっかけで正気に戻ったそうです。

夫が賭け事にのめり込まなくて、私は運が良かった。その代わりに、出来る限り夫を助けました。貧しさに落ち込むことはなかったけれど、激しい労働で体を酷使したのは事実です。アメリカに渡って二十二年後、一九三七年に、娘二人を連れて初めて日本に一時帰国しましたが、一番上の姉は私を見た時、私だと分からなかった。それほど老けていたのです。日本にいても、二十二年も会わないでいたら別人のように見えたかも知れませんが、日本ではしたこともないようなきつい仕事をアメリカで続けたために、年齢以上に顔つきが変わったのでしょう。

姉から「そんなになるまで働かないと、やりくりができなかったの」と聞かれたので、「アメリカでは一生懸命に働かなければ生きていけないのよ」と答えると、「だったら日本に帰って来た方がいいわね」と言われました。「子供たちはアメリカ人だし、子供たちのいる所に住むつもりよ」と自分の気持ちを伝えましたが、子供たちを日本の価値観と習慣の中で教育したい、という思いはありました。それで二人の娘のうち、姉のキヨコを日本に残し、妹をアメリカに連れ帰りましたが、キヨコも高校を終えると、戦争が始まる前、クリスマスの前にアメリカに戻しました。

一時帰国の船で出会った女の子が息子の嫁に

神さまは不思議な形で、私たちの人生に働かれるのですね。日本に一時帰国する時、「タツタ丸」という船に乗りましたが、後に我が家の嫁となるヘレンが同じ船に乗っていたのです。その時はお互いを知らなかった。彼女は母を亡くし、父や兄弟と日本に帰るところでした。我が家に嫁いできた時、彼女は「日本に帰って二十歳まで過ごし、それからアメリカに戻って来ました」と言うので、一時帰国した時に乗った船の名前を訊くと、「タツタ丸でした。クリスマスは船上で迎えました。一九三七年のことです」。それを聞いて初めて、彼女が同じ船に乗っていたことを知りました。娘のキヨコも覚えているということでした。ある夜、キヨコが幼い子供を抱いて船室に入ってきました。ぐずるその子を「いい子になさいね。パパはとても疲れているのだからゆっくり休ませてあげましょうね」とあやすので、私がキヨコに「この子のお母さんはどこにいるの」と聞くと、「お母さんは死んでしまったんですって。それでお父さんが四人の子供を連れて日本に戻るところなのよ」とのこと。私は「まあ、そうなの。かわいそうに」と同情しましたが、その子がヘレンの妹だったのです。

日本に帰った時、ヘレンの父は、叔母に息子がいなかったので彼女の養子になりました。その叔母、つまりヘレンにとって義理の祖母が、ヘレンが戦後アメリカに戻るまで彼女を育てました。ヘレンの父がワトソンビルにいたので、彼女もそこに戻りました。そして、息子と結婚し、私の義理の娘になり、我が家の一員になったのです。一九三七年に出会ったのが、私たちの関係の始まりでした。いつもヘレンに言うのです。「これは単なる偶然ではないわね」と。

ヘレンを自分の家族に迎えることになったのを、イヨが心から喜んでいるのは一目瞭然だった。自分の人生の、悲しい章に移る前に、喜びに満ちた思い出で自分を元気づけたのだ。

●子供七人、夫や医師の友人に恵まれて

ミドリ・キムラ

セツ・ヨシハシがアメリカに来て最初の数か月を水漏れするテントで暮らし、キヨ・ミヤケがインペリアル・バレーの炎天下で鍬で耕し、イヨ・ツツイが馬小屋のような家に住んで経験したことも無い農作業に苦労している頃、ミドリ・キムラは安定

――した快適な日々を送っていた。他の一世の女性たちは家族や女友達の助けもなく、異国の地で孤独を味わっていたが、ミドリには家族がいて、助けもあった。

叔父とその家族が、半年ほど私たちと一緒に暮らし、その後も隣に家を買ったので、全く寂しくありませんでした。知り合いの中には、遠く離れた作業所に連れて行かれた女性もいました。彼女たちはすっかりホームシックにかかって、よく泣いていたそうです。

立派な家に住むことができて、私はとても恵まれていました。子供は七人と、大勢でしたが、夫が保険代理業をしていて自由な時間があり、面倒を見てくれたので助かりました。教会の女性集会にも参加できました。夫は、自分の子供たちだけでなく、叔父の子供たちもあちこち連れて行ってくれ、おむつ替えもお手のものでした。

夫の仕事上の付き合いでドクター・リンカーン・コースランドというお医者さんとも知り合いになり、子供が病気になると、とくに重い時には一日に二度も往診に来てくれました。素晴らしい医師、友人でした。ある時、友人の一人が喘息で苦しみ、先生に往診をお願いしました。夜間だったので高い医療費を請求されるだろうと思ったら、「貧しい農民からお金をもらう訳にはいきません」とおっしゃいました。日系人にとても親切でした。保険に加入した人たちの健康診断を担当され、地域に住むほとんどの日系人の生活状況をご存知だったのです。

ある時、私たち家族は先生から夕食に招待され、生まれて初めて立派なディナーをご馳走になりました。私たちもお返しに、先生のご家族をすき焼きディナーにお招きしました。お互いに信頼し合い、二十年以上も夫の保険会社のために仕事をしてくれました。先生はよく、夫に言っていました。「もし私が先に死んだら、私の家族の面倒を見てください。あなたが先に死んだら、あなたの家族の面倒をみましょう」。先生は一九二七年に亡くなりました。葬儀の時、夫は彼の家族に付き添いました。その後も、奥さんは銀行取引やその他の問題について、自分の親戚よりも夫に相談していました。

夫から逃げ出したり、男と駆け落ちした女性も

夫にも、夫の友人にも、私は恵まれましたね。同世代の一世の日本人女性の中には、夫の元から逃げてしまった方もいたと聞きました。農場で働かなければならなかった彼女たちと比べると、私はとても幸せでした。他人の奥さんと駆け落ちした若者もいたようです。詳しいことは忘れましたが、そのような話が日本語と英語の新聞に載っていました。

当時、日本人が経営する様々なお店、お風呂屋、日用雑貨品店、ビリヤード場は全部、サンノゼの五番街と六番街に集まっており、六番街の賭場では多くの日本人が博打をしてい

ました。近くに住んでいなかったので、個人的にはそのような人を知らないし、女性がそこに行ったという話は聞かないけれど、少しはいたのではないでしょうか。

夫は仕事の関係で自由な時間があり、日本語と英語で書かれた「日米新聞」でも働いていましたが、叔父がもう一つの新聞「北米朝日」で働き始めると、日米新聞の仕事をミネタ下院議員の父親に引き継いで、そこに移り、戦争が始まって退去命令を受けるまで働きました。

子育ての時期は、日常生活の雑事もあり、忙しくてじっくり考える時間は全くなかったけれど、子供たちが学校でひどい扱いを受けることは一度もなく、「学校でいじめられた」と言って帰って来ることもありませんでした。子供たちは先生を助けました。日系人の子供は大人しくて、先生に協力的だった。差別が少しはあったかも知れませんが、そうした記憶はないですね。

大恐慌で困窮する家庭を助けることもできた

幸いなことに、大恐慌の時も大きな被害を受けませんでした。困っている家庭に、子供たちのお下がりを差し上げることもできました。夫は長く日本人会の会長を務め、生活に困った家庭を目立たないように支援しました。日本人会はそれぞれの家庭の状況を知っていたと思いますが、皆に知られないように気を遣っていたので、私自身は詳しいことを知りませんでした。

一世にはアメリカの市民権を取る資格が認められておらず、大恐慌の時も、役所から支援金や支援物資を受けられなかった。例外的に受けられることがあっても、公的な救済という性質上、その額はわずかだったようだ。

困窮した家庭の中には、パンを買うお金もないところもありました。たいていの日本人の家庭にはお米があったので、パンが買えない時は、お弁当に「おにぎり」を持たせることもできましたが、友達の前で食べるのを恥ずかしがって、校庭の片隅で隠れるように、こっそり食べるお子さんもいたようです。

●イタリア人の家庭でメイドとして十七年

シズ・ハヤカワ

洋服の正しい着方、トイレの使い方、靴を履いての歩き方、入浴の仕方を学び、新婚の夫に会い、新しい宗教に導かれ、さらに慣れない仕事をするのは、シズ・ハヤカワにとって大きなストレスだったに違いない。新生活に十分に馴染む時間もないま、シズの過去への感傷は、まったく制御不能なさまざまな出来事で断ち切られた。

アメリカに着いてわずか三か月後に、実家から父が亡くなったとの知らせを受けましたが、悲しんではいられませんでした。日本にいる私の実の弟はまだ八歳で、継母は、七歳と五歳の連れ子も合わせて三人の子供を育てなければならなかったのですが、腸出血で働けなかったのです。それで日本に送金して彼女を助けようと、住み込みの仕事に就きました。ミズノさんのクリーニング店には店舗の奥に部屋がいくつかあり、結婚後、そのうちの一つに住まわせてもらいました。夫は窓拭きの仕事をし、私は「女学生」という身分でアメリカに来ましたが、いわゆる「お手伝いさん」の仕事です。皿洗いで時給二十五セント。当時のアメリカ人教師の月給は約百ドルで、「白人に都合よく利用されている」と感じましたが、大した問題とは感じませんでした。日本にいる時、一生懸命に働くように、と教えられ、アメリカでもその通りにしたので、多くの人々に好かれ、感謝されたのですから。

住み込みで夫と共稼ぎ

その後、ハウスメイドとして働き始めましたが、食費と家賃は無料。夫もそこに住み、職場に毎日通いました。月に七十五ドルの収入がありましたが、そのうちの五十ドルを日本の継母に送り、家族を支えるのに使ってもらいました。夫が反対しなかったのは、継母が夫の姉だったからです。子供たちが学校を卒業するまでに十七年かかりました。

私が働いていたのはイタリア人の家庭で、ご主人はバンク・オブ・アメリカの副社長でした。イタリアからニューヨークにやって来て石炭運送業で成功し、銀行の副社長になることができたのです。ご主人の義父もシシリーからアメリカに来て、食料雑貨の小売業を軌道に乗せようと悪戦苦闘しました。二人が荒波を乗り切るのを見て、厳しい環境を耐え抜くのは当たり前、と思いましたが、それでも仕事はきつかったです。毎朝七時に起き、家族のためにコーヒーをいれ、朝食を作ります。それから皿を洗い、部屋の掃除、洗濯、アイロンがけ、ベッドメーキング、その他、やるべきことは何でもしました。

副社長の家族は大人が四人。ご夫婦と奥さまの両親という小さな家族でした。昼食はイタリア人にとって一番大事な食事です。ご主人はいつも昼食を取りに戻って来られ、奥さまが用意しました。彼女のやることをよく見て、できることは何でもしました。ご存知のように、イタリア人はおしゃべりが大好きで、料理をしている間、奥さまのお母さまは何時間も話しました。これまでの様々な体験、乗り越えてきたつらい日々のことを話してくれました。それを聞きながら、自分の知っている英語の語彙がとても少ないことを思い知らされました。

昼食が終わり、皿洗いなど片づけが済むと午後二時半。奥さまのご両親は夕食までお休みになり、私も休憩です。夕食作りは奥さんを手伝い、皆さんの給仕をしました。ご主人が銀行の副社長なので、お客さまが絶えません。日曜日には若いイタリア人が大勢やって来るので、テンテコ舞いの忙しさでした。それでも夜の九時頃に仕事が終わります。それから夫と私は夕食をとりました。午後十一時頃に、皆さんがベッドにお入りになり、私もやりたいことを済ませて休みました。月曜日はお休みで、日本人街に行くことができました。

日本人の話し相手のいない孤独

でも、白人の家庭で仕事をすると、夫以外に日本人の話し相手がおらず、ノイローゼになりかねません。朝起きたらコーヒーをいることから始まり、毎日、同じことの繰り返し。それを十年間、続けました。月曜日の休み以外は、他の日本人と話す時間がまるでないのです。話す人が誰もいない。そんな生活をすれば、誰でも一人ぼっちで悲しくなりますよ。口数の少ない夫は、話しかけても乗ってきてくれないし、返事もしてくれなかったんですから。

アメリカに来て初めて夫に会い、好きになれなくて帰国した写真花嫁や、夫以外に好きな男性を見つけて駆け落ちした写真花嫁もいました。様々でした。「いくら努力しても結婚するはずの男性を好きになれない」と言う花嫁も何人かいました。友人から、なんとか結婚生活を続けるように説得される人もいました。彼女たちはとても若く、アメリカに行けば良い暮らしができるだろう、と期待してやって来ました。しかし実際は、着いたらすぐに、召使いのように一生懸命に働くよう求められたのです。とくに慣れないうちはつらい事が多く、例えば、パンを焼くように言われても、石炭ストーブの掃除をしないとオーブンが熱くならず、うまく焼けません。今のように「栓をひねれば熱いお湯が出る」ようになっていないので、石炭ストーブの上にやかんを載せ、お湯を沸かす必要がありました。

不遇な運命に遭った彼女たちには、「家」と言えるような住まいはなかった。大きな家の召使いが使う、とても狭い部屋に住まわされた。アメリカでの暮らしに必要な英語の知識も十分に無く、英語で話すことのできる言葉の乏しさを実感して、恥ずかしくなることもよくあった。

そうした日本人の若い花嫁たちは、独りぼっちにされても、どこにも行く当てがなく、あまりの寂しさに涙を流し、中には妊娠中にノイローゼになり、自分で命を絶った人もいました。私は子供のころから、結婚したら夫に仕え、世話をしなければならない、と教わってきました。それをいつも思い起こして懸命に働いてきました。自分は、その教えに忠実な人たちの一人だと思います。

夫が病に倒れ、家族の暮らしを一人で支え続けた

そうやって、貧しいながらも生活できるようになった、と思ったら夫が病いに襲われました。一九二九年のクリスマスの直前のことです。夫の首に大きな腫瘍ができているのが見つかり、メイドをしていた家の奥さまが友人のお医者さまを紹介してくださって、手術で腫瘍を取り除いてもらいました。手術が終わると今度は、高熱です。夫を看病しなければ

ばならず、このまま家に置いていただくのは良くない、と考え、「夫が回復するまでお休みをくださ い」と奥さまにお願いして、別に家を借りて二人で移りました。夫が生き延びられるのか確信がもてなかった。摂氏で四〇度を超す高熱が続きました。

六か月経っても、回復の兆しは少しも見えません。アメリカで生活を始めて十年経っていましたが、子供がおらず、二人をアメリカに縛るものはほとんどなかったこともあり、帰国を決め、夫を九州の小倉病院に入院させました。日本へ行く途中に寄ったハワイで、世界大恐慌がアメリカを襲いニューヨーク株価が暴落したことを知りました。大変な時期に夫は病気になりましたが、私は入院・治療費を払い、継母の子供たちの教育費も払い続けました。

日本にいる間、夫の家族の家に泊めてもらいました。夫は四か月にわたって入退院を繰り返しましたが、私はアメリカでの仕事をいつまでも休んでいる訳にもいかず、これまで援助してきた姪に、こちらに来て、しばらく夫の面倒をみてくれるよう頼みました。必要な手はずを整え、アメリカに戻りました。私の人生で一番大変な時期でしたね。

夫は日本に一年ほど居て、アメリカに戻りましたが、完治せず、働くことができませんでした。とても貧しい生活でしたが、幸か不幸か子供がいなかったので、養育の心配をする必要ありません。メイドの仕事は時給三十セントで、今と違って交通費は支給されず、節約に努めました。

日本に一時帰国する前に、勤め先のご主人の勧めで株を少ずつ買っていました。大恐慌で暴落し、一時は、ほとんど紙切れ同然になったのですが、「売らないように」という夫の言葉に従って持ち続けたところ、株式市場の流れが変わり、値上がりして儲かりました。株式投資のおかげで今では働かずに暮せています。

イタリア人の家庭でのメイドの仕事は、ご主人が亡くなるまで十七年続け、第二次大戦が始まる前に辞めました。ご家族の皆さんは、仕事を続けて欲しい、と言ってくれましたが、もっと人間らしい生活がしたかった。いつまでも召使いのような生活はしたくありませんでした。

シズはこの後、別の家庭で一日に三時間の家事労働をし、開戦直前になって日系人経営の仕出し会社で働き始めた。

＊＊＊＊＊＊＊＊＊＊＊＊＊＊＊＊＊＊＊＊＊＊＊＊

写真花嫁の多くが、アメリカでの生活の厳しさに直面して、ぼうぜん自失となった。骨の一本一本が休息を求めて叫び声を上げる時も、一本でも多く雑草を抜き、寂

しさに耐えきれない時も一枚でも多くの皿を洗い、朝の四時に一枚でも多くのシャツにアイロンをかける――という単調で骨の折れる日々の労働に、幼い子供たちの世話が加わって、さらにきついものになった。それればかりか、写真にだまされて十歳あるいは十五歳以上も年上の男性と結婚することになった花嫁の中には、結婚して数年も経たずに病弱な夫の介護をしなければならなくなる者もいたが、そうした女性たちが家族を支える役割を担ったのだ。

在米日系人のパイオニアとなった一世の女性たちは、伝統的な、欧米的な、あるいは歴史的な観点から自分を見ることをしなかったが、長くつらい体験は、アメリカで農業や商い、事業をするのに役立った。彼女たちの働きは、日系人が市場向けの野菜栽培事業に手を付け、作物の新しい品種を開発し、店を開き、農産物の販売戦略を立て、小規模な商売を進めるのに貢献した。一世の女性たちは家族のために逆境と戦い、その努力は、最後に実を結んだ。

明治の日本の価値観によれば、困難な生活環境や結婚生活は、離婚や家出が認められる理由にならなかった。加えて、一世の女性たちは、つらい生活を我慢することを否定的に考えず、苦労は人生における勉強として受け入れるように訓練された。忍耐には肯定的な側面があり、それが明治の女性の精神的な価値観の支えになった。

から受け取る報酬は、個人ではなく、「家族全体の幸せ」だった。

一世の女性たちは、家族を支える明治の価値観をしっかりと受け継ぎ、それを大きな自由が認められるアメリカで日系人社会に浸透させる一方、アメリカで新たな機会を活かし始めた。だが皮肉なことに、そうした機会を提供したアメリカが、第二次大戦の勃発とともに、彼女たちから多くの機会を奪ったのだった。

第3章

日米開戦、積み上げたものを奪われ、収容所へ

●考えもしなかった開戦のショックと生活の不安

テイコ・トミタ

友人の一人が、村から私たちの種苗農場に走って来ました。「仕事をしている場合じゃないわ。止めなさい。日本とアメリカが戦争を始めたのよ。日本の飛行機がシアトルまで飛んできて爆弾を落とすかも知れないって」と叫んだのです。本当にショックでした。「日本人は連行される」とラジオで聞いたと言うので、私もラジオをつけました。「これから、何が起こるのだろう」。私たちは色々話しました。

一世たちは家族を食べさせていくのに一生懸命で、日米関係悪化の中でも、「戦争が起きると考えた者はほとんどいなかった。それだけに、日本軍の真珠湾攻撃は、アメリカの」国民と同様に、日本人社会にも大きな衝撃だった。

一世とアメリカ生まれの二世、三世を非難することは、戦時の興奮のはけ口として容認され、すでに存在していた偏見の火に油を注いだ。西海岸の新聞は、日本に対する制裁を支持する論陣を張った。人々は、身の安全が脅かされることに恐れを抱き、

「日本人は集められて銃殺され、あるいは餓死させられる」という噂を本気で信じるようになり、開戦の衝撃と狼狽をさらに強めた。

ルーズベルト大統領が何万人もの日系人の拘束を決めた時、各地の日系人社会の一世のリーダーたちが真っ先に連邦捜査局（ＦＢＩ）に逮捕、拘留され、何週間も何か月もリーダー不在の状態が続いた。残された男性は、ほとんどが病人か高齢者だった。

一世の女性たちはリーダーの代わりを務めることはできなかったが、家族と日本人社会の絆を強めることで、動揺の中でともすれば乱れがちの規律を、しっかりと引き締めた。女性たちは、以前には考えられなかったようなやり方で行動した。明治の日本人の心構えと強さを信じ、一つの日系人社会のしきたりを犠牲にすることで他のしきたりを守り、明治の日本人のやり方をいくつか捨てる危険を冒して、最も価値ある財産と考えるものを守った。

日系人社会のリーダーが続々と連行され、夫は……

私が暮していた村は、わずか二十五世帯と小規模でしたが、日系人会がありました。会長のクマサカさんをはじめリーダーたちが連行され、数日間、戦時転住局に拘留された後、別の収容所へ連れて行かれました。敵と共謀したという容疑をかけられ、ドイツやイタリアの捕虜と一緒に捕虜収容所に拘留されたのです。ヘイジ・オクダはじめリーダーとして活躍していた人たちが連行され、皆、怖い思いをしました。夫は日系人会の財務担当役員を務めており、「連れて行かれるのではないか」と心配で、子供はまだ小さいし、家の外のことは何も分からず、とても不安でした。子供たちが自分で生活するのは無理な年齢だったこともあり、夫も家族の身を案じていました。

「各地の日系人社会を特別な収容所に移す」という噂が飛び交い、ストレスが増していった。そして一九四二年二月十九日、フランクリン・D・ルーズベルト大統領は、西海岸に住む日系人全員の退去を認める大統領令に署名したのだった。

退去命令を受け取るまでとても心配でした。「家族がばらばらにされるのではないか」と不安だったので、命令が来て、家族全員が同じ収容所に連れて行かれると知って、本当にほっとしました。これまで作り上げてきた財産を全部持っていくことはできないので、できる限り多くの持ち物を売ろうとしました。

労苦を注ぎ込んで軌道に乗せた事業を手放す

私たちは一九二九年から一九四二年にかけて、種苗の事業に預金と労力の全てを注ぎ込んできました。苗床から育った木を毎年売れるようになるまでの十三年間は特に苦労の連続でした。西海岸のいくつかの地域では、日系人コミュニティが財産を処分するのに与えられた時間はわずか数日でしたが、私たちには幸運にも、対応に余裕がありました。

これまで日系人と白人の植木屋さんと取り引きしていましたが、そのうちの一人、タコマのお年寄りの白人の植木屋がやって来て言いました。「立ち退かねばならないなんて、本当に気の毒だ。皆さんが帰るまで、苗床農場のお世話をしますよ」。夫は、わらにもすがる思いでその言葉を信じ、申し出を受けたのです。

弁護士に相談し、契約書を作成してもらいました。契約書では、この植木屋さんが苗床園の世話し、土地を荒廃させない、木を売ることができるが、利益の三分の一を私たちに送り、残りの三分の二の彼の取り分から税金を払う、ということになっていました。ところが、残念なことに一年後、弁護士から収容所の私たちに「彼が税金を払わなくなったので、どうすべきか指示して欲しい」という手紙が来ましたが、どうしたらいいか分からず、困りました。

それでもテイコは運が良かった。日本軍による真珠湾攻撃の後、何千という日系人男性が逮捕され、残された妻たちが、収容所に日用品のどれを持参し、何を売り、何を安全に保管するかの判断をせねばならなかったが、テイコの夫は逮捕を免れ、夫婦で立ち退きの準備ができた。だが、「退去者は自分が運べるものだけを持って行ける」という軍の指示は、「必要最小限のものしか持って行けない」ことを意味した。退去命令は西海岸の日系人居住地域の電柱や建物に貼り出された。通告を退去日の二か月前に知った人も、数週間前に知った人もいたが、何年も骨の折れるような苦労と犠牲を払って手にした財産を処分するのに、たった数日しかない人もいた。長年住み慣れた家を追われた日系人たちは、恒久的な施設である日系人収容所が完成するまでの間、地域の催事会場や厩舎などを改装した臨時収容所に住まわされた。

炎天のフレズノ、厩舎改造の臨時収容所に数か月

私たちは、六月という、一年で最も暑い最中に、フレズノ近くの臨時収容所に入れられました。地名は忘れてしまいましたが、建物は良く覚えています。ブリキ屋根の粗末な建物。とても暑くてつらかった。周りに日陰をつくる木は無いし、一面に貼られた黒いタール塗りの紙が熱を吸収して、床が柔らかくなり、ベッドの脚がタールに埋まってしまいま

した。

長男が日射病にかかり、三十九・四度の高熱になりましたが、水を飲ませる以外に手の打ちようがなかった。ベッドよりも少しは涼しいと考え、床に毛布を敷き、長男を寝かせました。そんなことしかできなくて本当に申し訳なかった。医者がいたかも知れませんが、どうやって医者を探したらよいのか分からなかったのです。幸いなことに、息子はしばらくして回復しましたが、一難去ってまた一難。今度は夫が神経を侵され、自由に動けなりました。

そんな苦しみを味わった臨時収容所に数か月いた後、秋にツールレークの収容所に移され、冬を越し、春にワイオミング州のハートマウンテン収容所に移動させられました。夫は病気がちでしたが、家族が一人も欠けずに一緒に暮らせたのは、不幸中の幸いだった、と思います。

ツールレイクに移され、生活と安全は保障されたが

秋に移されたツールレイク収容所は、臨時収容所の延長のような施設でしたが、ずっと大きくて、設備もよく整っていました。一万六千人が収容されており、多くの日系人がカリフォルニアから移って来ていました。私たちはシアトルから来た日系人と一緒になりた

かった。シアトルの友人なら必要な手助けを得られると思ったからですが、彼女たちはドミニカに移されました。私たちのように、タコマ、デミング、サニーデールなどの地域から来た人々はツールレイク収容所に送られたのです。そこでの生活は辛いものでした。一世、アメリカ生まれの二世、三世も皆、そこに入れられ、ラジオを聴けず、日本語や英語の新聞を読むことも、当初は禁じられていました。

それでも戦争中、命が危いと感じたことはありません。アメリカ政府は私たちを収容所に入れましたが、面倒も見てくれました。監獄に入れられたような気分で、食べ物もおいしくなかったけれど、少なくとも満腹はしました。後になって、ロシアの日本人戦争捕虜の扱いがひどかったことを聞き、アメリカ政府の扱いはまだ良かった、と思いました。不愉快な思い出よりも、楽しかった思い出の方が多いですね。勉強したい人には色々の英語のクラスがあり、私は詩のクラスに入りました。

とは言え、収容所の暮しは理想とはほど遠いもので、私たちの部屋は建物の端、ダブルベッド一つ、シングルベッド二つと広かったけれど、普通の声で話しても隣に聞こえてしまいました。そのような生活をしたのは人生で初めてでした。

アメリカへ忠誠を迫られ、多くの友人を失った

一世の女性やその他の収容者にとって、これまでに負った心の傷以上に、さらに大きなストレスが襲ってきた。いわゆる「忠誠問題」。アメリカに忠誠を誓うか否か、という決断を全員が迫られることになったのだ。この問題で収容所の日系人たちの意見が分かれ、ぎりぎりまで追いつめられた。そうした中で、日本人の価値観の真髄を保ち、文化的な伝統への誇りを持って、日系人社会を建て直したのは、一世の人々、中でも一世の女性たちだった。

日系アメリカ人を根こそぎ収容所に入れるというアメリカ政府の素早い、前例のない行為は、一世である両親の意思に忠実に生きてきた二世たちに、自分の将来を自分の意志で決めるように駆り立てた。彼ら二世は、アメリカに対する愛国心と忠誠心を証明するために兵役に就くことを決め、心を動かされた陸軍省は、日系志願兵による第四四二連隊戦闘団の編成することにし、男性収容者全員に、忠誠心を問うことにした。戦時転住局も同じ質問の必要性を感じており、陸軍省が準備した質問状をそのまま利用した。不幸なことに、圧倒的多数が「イエス」と答えようとした単純な質問は、他の問題とからんで人々を惑わせ、多くの家族に、決して癒されない、つらい感情的対立を起こしたのだった。

特に質問二十七と二十八は、「イエス・イエス、ノー・ノー」論争の的となった。前者は、「あなたは喜んで米軍兵士として戦闘に加わるか」で、ほとんどの女性と高齢の男性は「ノー」と答えた。後者は「あなたは天皇と日本国への忠誠を捨てるか」で、アメリカ国籍の取得を拒否されていた一世は、無国籍者になることを恐れ、多くが「ノー」と答えた。同じ家族でも質問に対する答えによって、違う収容所に移される、と言われていたので、年老いた両親の面倒を見る必要のある二世の中には、「ノー」と答えざるを得ない人もいた。どう答えたらいいか、家族の間で激しい議論をすることなく結論に達した人は、ほとんどいなかった。

忠誠質問が配られた時、私たちは全員がアメリカへの忠誠を誓ったので、家庭内の不和を避けることができましたが、長い間続いていた多くの日系人との友情を失いました。サニーデールで近くに住んでいた男性は熱心な「日本忠誠派」で、収容所で関係がぎくしゃくし、私たちに対して、見ず知らずの他人のように振る舞いました。ツールレークがアメリカに忠誠を誓わない人たちの収容所となり、私たちはハートマウンテンの収容所に移されましたが、その時も、彼は「さよなら」さえ、言いに来てくれませんでした。彼の立場、つまり、「アメリカに忠誠を誓わない」のは間違っていると思いました。彼は「勝ち組」

で、戦争が終わっても、日本が負けたことを信じようとしなかったのです。

忠誠質問の結果、数千人の収容者とその未成年の子供たちが、厳密には「アメリカに対して忠誠心がない」と見なされたが、そうした人々の中に、トミタ家の隣人のように日本に対して積極的に忠誠を誓う者が、ほとんどいなかったのは驚きだ。

戦争を抜きにすれば……収容所で穏やかな時を過ごせた

収容所での暮しは、趣味のクラスに参加したり、友達を作ったりする時間を、私に与えてくれました。何年もつらい肉体労働をしてきた後で、知的で個人的な欲求を満たしてくれる活動をすることができたのは、良い思い出です。和歌のクラスに入っていたので、今でも時々、集まって和歌を詠みます。収容所では友人がたくさんでき、とても多くのことを教えてもらいました。収容所にいる間、「つらい」と思った記憶は一つもありません。日米が戦争をしたという事実を抜きにすれば、とても穏やかな時を過ごせたと思います。

●一時帰国していたことで警察に呼ばれた

イヨ・ツツイ

日本軍が真珠湾を攻撃した時、警察署に呼ばれました。夫は「ほら、いつも政府を批判していたからだぞ。ミズリーに送られるぞ」とからかいましたが、警察が私を呼ぶなんておかしな話です。組織のリーダーなんかではないのです。多分、人違いだったのでしょう。夫はストックトンの日系人協会の世話人だったので、連行される可能性はありました。いったいどうなるのか、とても不安でした。

通訳してもらうために娘を連れ、警察署に出かけると、まず、「最近、日本に行ったか」と聞かれ、「ええ、行きました」と言うと、理由を説明するように求められ、「日本にいる両親、兄弟姉妹に会いに、二人の娘を連れて行きました」と答えました。

日本に一時帰国した時、上の娘はこちらで高校を卒業していたので、日本に長く居て伝統や習慣も学んで欲しかったけれど、下の娘はまだ四歳で、日本にそのまま置いておけず、下の娘だけ連れて戻ろう、と考えていました。ところが、滞在中に二人ともひどいホームシックにかかってしまい、日米関係が緊迫する前に二人を連れてアメリカに戻ったのです。

さまざまな日本人虐待のうわさが飛び交う中で

そのように答えて、無罪放免になりましたが、娘たちは「お母さんが捕虜収容所に入れられてしまうのではないか」と心配していました。それにしても、日本が真珠湾を攻撃してアメリカと戦うのは無理、と思い、夫に「アメリカには資源がとても豊富にあるから、日本は負けるでしょう」と言いました。夫も同じように感じていました。夫の兄は日本の海軍将校で、軍服を着た写真を一枚持っていましたが、他の写真と一緒にお風呂をたく時に燃やし、大事にしていたショットガンも川に捨てました。ロサンゼルスにいる夫の叔父が、仏教の書物を何冊か送ってきてくれていましたが、それも燃やしてしまいました。とても怖くて、これからどうなるか想像がつかなかったのです。

「アメリカ政府は、私たちを集めてガスで虐殺するつもりだ」と言う人もいましたが、夫は「アメリカはそんなことをする野蛮な国じゃない。そんなことはしないぞ」と反論し、それほど心配していませんでしたが、子供たちのことが気にかかりました。私たちが収容所に入れられてしまったら、誰が子供たちの面倒を見るのか。いつ解放されるのか。本当に泣きたい気持ちでしたね。私たち夫婦のことはそれほど気にならなかったけれど、子供たちはまだ若く、結婚したのは一人だけでした。ありがたいことに、収容所に入っても、恐れていたような事は起こらず、うわさは事実無根と分かりました。

土地を銀行の管理に委ね、収容所に向かう

収容所に入れられる前に、私たちが事実上所有していた土地の管理を知り合いの銀行に頼みました。アメリカの市民権のない私たちは土地を借りることも買うこともできなかったのですが、夫の親友のミヤタさんの甥が市民権を持っていたので、彼の名義を借りて、五百ドルで土地を買っていました。娘がその銀行の幹部の家でベビーシッターをしていたこともあり、収容所にいる間、銀行が土地をきちんと管理してくれました。

当時、このあたりに住んでいたのは、ほとんどイタリア人でした。日本人と性格がとても似ていて、例えば、彼らの会社の部下のように頭を低くしてお願いするととてもよくしてくれましたが、反目すると、いつまでも敵になってしまう性格でした。夫は、敵を作ろうなどと決して思わない、穏やかな人でしたから、誰とでもうまくいき、親切にしてもらいました。我が家の子供たちはイタリア人の子供たちと一緒に通学し、とても自然に、親しい友人になったのです。お付き合いを通して人情が育まれ、ご近所のイタリア人たちは、とても親切にしてくれました。そうした土地を離れることは、仕方がないと諦めてい

たので「つらい」とは思わなかったけれど、言い知れぬ寂しさを感じました。

ストックトンの収容所での暮らしに徐々に慣れ、アーカンソー州のローワー収容所に移ってからは、和食風の料理を食べることもできました。収容所の居住施設の外壁にはタール紙が貼ってありましたが、農民の私たちの住まいと比べて、それほどひどい住まいとは感じませんでした。大勢の人がいる中で無遠慮に大声で話したり、噂話に夢中になったりする人がいなかったこともあり、とても穏やかに暮らせました。

ストックトンからローワーに移る前のことです。川で溺れて亡くなった息子のお墓参りをさせてくれるように収容所の白人の担当者にお願いすると、お墓のあるオークパークまで車で連れて行ってくれました。このように、小さな頼み事ならとても親切に対応してくれたので、白人を「極悪人」と思ったことは一度もなかったですね。

畑仕事と学びの日々、だが二度と戻りたくない

ローワー収容所に移されると、台所で働くように言われ、皿洗いをしていましたが、しばらくして、畑仕事に代わりました。アメリカでも戦争に向けて軍隊や工場に人々を動員するようになり、農業労働者が足りず、収容所にいる私たちまで食糧生産に駆り出すようになったのです。有刺鉄線で囲まれた収容所から外に出られるので、歓迎でした。トラッ

クで畑に連れて行かれ、心まで解放されたような感じで、幸せな気持ちになりました。
収容所での暮らしに慣れ、皆、ホッとしたのもつかの間、「忠誠質問」が回ってきて、多くの家族の間に新たな不安と動揺が生まれ、苦しむことになりました。でも、私たちには当時、徴兵年齢にあたる男の子はいなかったので、論争にもならず、徴兵問題についての記憶は何もありません。

テイコ・トミタやその他の体を酷使してきた一世の女性のように、農場での重労働に不満を言うことが、イヨには一度もなかった。彼女にとって、収容所での暮しの方が肉体的にはずっと楽だったのだ。だからと言って、怠けることは決してなかった。

収容所に入れられている間、時間を無駄にすることはありませんでした。英語、織物、生け花、人形の作り方まで学びました。とても創造的な時間を過ごしました。収容所生活で思い出すのは、畑で働き、いろんなことを勉強した、ということですが、収容所そのものが面白いとか、楽しいとか思った訳ではありません。「また行きたい」とは、全く思いませんね。

●日曜礼拝を終えたところで開戦を知った

ヒサヨ・ハナト

一九四一年十二月七日の日曜日、礼拝を終えて教会から出てくると、友人の息子さんが声をかけてきました。「オバサン。戦争が始まった。日本がハワイを攻撃したよ」。

本当にショック。まず思ったのは、子供たちのことでした。一世の私たち自身はともかく、子供たちを守らねばなりません。そのためにはまず、できる限りお金を稼ぎ続けなければならない。立ち退きを強制されるまで、ロングビーチのレストランを続けました。とは言っても、実際は何日も店を閉めていたから、「続けた」とも言えませんが。

レストランを開いた直後の強制退去、あまりのことに我を失った

それから、夜間外出禁止令、移動の制限、日系人の銀行口座の凍結があり、心ここにあらず、の状態でした。戦争が始まる十か月前の二月に、レストランをロングビーチのダウンタウンに移したばかりでした。備品をすっかり新しく買いそろえ、経費の支払いも全部、現金で済ませ、好調なスタートをきった矢先の出来事で、ぼうぜん自失、と言えばい

いのでしょうか。

間もなく、ここを退去して臨時収容所に入れ、という通告を受け、買いそろえたばかりのレストランの備品など、収容所に持って行けない持ち物を処分せねばならなくなりましたが、足元を見られて、希望する値段では買い取ってもらえません。備品をただ同然で処分するのは嫌だったので、いったんは友人に預かってもらおうと考えましたが、結局、全部売り払ってもらいました。夫が脳卒中で倒れ、もうカリフォルニアに戻って店を再開することはない、と思ったのです。日系人は殺される、という噂もありましたが、私は信じなかった。それでもただ、恐ろしかった。あの時の恐怖は表現しようがありませんね。

退去させられて、まず、サンタアニタの臨時収容所に送られました。ひどい臭いのする所で、競馬場の馬小屋にベッドを入れただけ。マットレスには干し草が詰めてあり、眠れたものではありません。食事は、初めはひどかったのですが、段々、良くなりました。そうした中で、助けられたのは日曜日の礼拝です。競馬場の見物席で行いましたが、そこから美しいウイルソン山を眺め、皆で一緒に祈っていると、日本とアメリカが戦争していることや、収容所に入れられて馬小屋に寝ていることを忘れることができたのです。

戦争が始まる何年か前に、娘たちを日本で教育を受けさせるため、一時帰国しました。当時の日系人社会には、そういうことがよくあったのです。私は日本に八か月いて、娘たちが広島女学院で学べるように準備し、実家の母に世話を頼みました。アメリカに戻る日、母と二人で、仏壇の前で正座し、別れのあいさつをした後、母に「ヒサヨ、あなたがアメリカに戻ることについてこれ以上、何も言うことはありません。でも、一つだけお願い。ヤソ（クリスチャン）にはならないで」と言われました。

反対だった母にも認められて「母の日」に受洗

戦争前、ロングビーチで大勢のクリスチャンと仲良しになり、教会にも行きました。日本から戻ると、皆から洗礼を受けるようにすすめられましたが、別れ際の母の姿を忘れることができず、とても受洗する気にはなれませんでした。仏教徒の母はキリスト教について、ほとんど何も知らず、「悪いもの」と決め付け、「人は仏陀の力を通して救われる」と信じ、「キリスト教の信者は個人の力と能力がないと救われないそうだが、そんな事は信じられない」と考えていたのです。当時の日本では、キリスト教は「邪教」と呼ばれ、「キリスト教の教会でお葬式をすると、死者の魂は救われず、亡霊となって現れる」と言われたりもしていました。

その後しばらくして、娘をアメリカに連れ帰るために二度目の帰国をした機会に、母に改めてキリスト教の信仰について話しました。私の話を聞き終わると、母は「あなたは自分のしていることが分かっている、と信じるわ。自分の心に従いなさい」と言ってくれたので、ロングビーチに戻ると、すぐに洗礼を受けました。その日は「母の日」だったのですよ。

私たちはサンタアニタの臨時収容所から、アーカンソー州のジェローム収容所に移り、二年間いました。そこで忠誠質問に回答を求められ、様々な問題が起きました。私たち一世はアメリカ市民ではなかったのです。一七九〇年帰化法でアジア系移民に帰化の資格が認められず、アメリカに来た時、数年後には帰国するつもりでしたが、帰国のための資金が貯まる前に、子供が生まれました。

開戦直前に娘たちが帰米、「忠誠質問」が収容所の不和に

それでも日本で教育を受けさせたくて、二人の娘を日本で三年間、生活させました。アメリカに連れ戻したのは二人が十三歳と十五歳の時。日米開戦までわずか三か月前でした。娘たちは、アメリカに住むことを好みました。アメリカの市民権を持っていたので、アメリカにいる必要もありました。もちろん、私たちは一緒にいなければなりません。それが、死ぬまでアメリカで暮らす、と決めた理由で、最終的に、忠誠質問二つに「イエス」と「イエス」で答えました。戦争が始まって収容所に入れられましたが、「敵性外国人」な

のだから、処遇について不満は言えません。アメリカ市民である子供たちには、とても申し訳ないと思いましたが、私たちと離れて生活するには、彼らは余りにも若すぎ、一緒に暮らす以外の選択肢はなかったのです。振り返ってみると、収容所にいたことで、安全に暮らせました。収容所では問題が色々起きましたが、結局は、全て良い方向に進みました。

それでも私は「日系人は政府に侮辱されている」と感じました。アメリカ政府の対応には一貫性がなかったし、二世を、一世と一緒に収容所に入れながらアメリカの為に戦うようにと、連れ出したのです。二世は「自分たちはアメリカ市民なのだから、祖国のために義務を果たすのは当然」と信じ、その結果が名誉の戦死になったケースもあったのですが、アメリカ政府のやり方は無責任、と言う見方を変えられませんでした。私には息子がいなかったので、つらい経験をせずに済みましたが、息子がいたら、もっともっと大きな声でアメリカ政府を批判したかもしれません。

忠誠質問は私たちを非常に不安にさせました。収容所の日系人の中には、アメリカ生まれでアメリカの市民権を持ちながら日本に行って日本に忠誠を誓うように教育を受け、開戦前に「帰米」した人たちがいました。彼らは毎日、「日本に戻れば、立派に扱われる」と信じて周りの人に語り、アメリカに忠誠を誓った私たちに「あんたはアメリカの犬だ」とよく悪態をつきました。コンセンサスを重んじる日系人の間でのあからさまな敵対行為は、大きな緊張の原因となりました。

献身的に尽くしてくれたアメリカ人女性に感謝

アメリカ政府は「日系アメリカ人は皆、潜在的な危険人物」という〝公式見解〟を出していたが、個々のアメリカ人の中には、そうした見解と一線を画し、人間的、良心的に対応する人も少なくなかった。ヒサヨは、そのような一人の女性について深い思いを込めて語った。

私たち日系人のことを、とても心配してくれるジャネット・スミスという女性がいました。彼女は、北星女学校という日本の学校で、十三年間、無給で働いた経験がありました。日本軍が真珠湾を攻撃して以来、私たちは不安のどん底に落ち込み、色々なうわさが飛び交う中で気が休まることがありませんでした。そうした時に、彼女は「心配しないで。立ち退きを強制されることはないでしょうから」と私たちを慰め、夜間外出禁止、五マイル以上の移動の禁止や銀行口座の凍結など様々な制約を受けた私たちを助けてくれました。

彼女の希望的観測に反して私たちに強制退去命令が届くと、「スミマセン。皆さんがどこに連れていかれようと、私は付いて行きます」と謝りました。それが単なる口先だけの言葉ではないことは、すぐに明らかになりました。私たちがアーカンソー州のジェローム収容所に収容されると、近くの町に泊って、バスで収容所に通ってくれたのです。「本当は収容所に住むつもりだったのに、お役人が許可しない」ということでした。彼女はそれで挫折することなく、助けを求めている家族を見つけては手を差し伸べ、病気の人を励まし、英語も教えてくれました。

ジャネットのことを思い出すと、「自分がまだまだ未熟だ」と悟らされますね。私は短気ですが、彼女はそうでなかった。日系人全員を立ち退かせたアメリカ人の一人として、罪の意識を抱き続け、私たち皆に謝り、私たちを臨時収容所で助けてくれただけでなく、ジェロームとローワーの収容所まで付いて来てくれたのです。戦争が終わると、彼女はロングビーチに戻り、私たちが帰還する時のために用意してくれていました。「皆さんがどこに連れて行かれても、私は付いていきます」という彼女の言葉を思い出すたびに、今でも感謝の気持ちで一杯になります。

●「ジャップ！」「ジャップ！」の集中攻撃

セツ・ヨシハシ

真珠湾攻撃を聞いてびっくりしました。至る所で、「ジャップ、ジャップ」の声。新聞も、ラジオも、私たち日系人を「ジャップ」と呼んで怒りを示しました。現実とは思えず、とても怖かった。夫も私も軍人の家の出ですし、軍服を着た親戚の写真も持っていましたが、子供たちも怖がっており、万が一のことを考えて、全部燃やしてしまいました。

家政婦の仕事先の夫人の思いやりに感動したが

開戦当時、私はクレーマー家で働いており、朝、家に行くと、クレーマー夫人が二階から降りて来て、「心配しないで、オリエンタル（東洋人）。あなた個人が戦争を始めたのではないのだから。心を痛めることはありません。これまで通り仕事を続けて」と励ましてくれました。その時、雨が降ってきて、思わず息をひそめました。雨の音が、日本軍機の爆音のように聞こえたのです。夫人は「心配しないで」と繰り返しながら、貯金や投資物件を全部、店の名義に改め、これから起きるであろう危険に備え、重要種類や所持品も全部集めて自分の家に持ってくるように、と忠告してくれたのです。温かい言葉にとても感動しました。日本人だったら、援助も忠告もしてくれなかったでしょうね。

クレーマー夫人はまた、「あなた方が収容所に入れられることになったら、お嬢さんを預かりましょう」と言ってくださった。とてもありがたかったけれど、「戦争がこの先どうなるのか分からない中では、家族が全員一緒にいるのがいい」と考え、家族全員で収容所に入ることにしました。

――人生で最大の危機に直面したセツは、テイコ・トミタ、ヒサヨ・ハナト、シズ・ハヤカワなど、多くの一世の女性のように、介護が必要な高齢で病気療養中の夫がいた。

子供たちがくれたミシンを手放し、病気の夫を連れて

戦争が始まった時、夫は病気で寝たきりで、収容所入りのための荷造りや移動の準備を手伝ってもらえません。二人の息子の手を借りて家財一式をまとめ、隣の大家さんの所に持って行くと、快く預かってくださり、帰還後に返してくれました。明日は収容所に出発、というぎりぎりまで働きました。

セツは、アメリカに来て以来、失望と単調な重労働の連続の中で七人家族を一人で支え、病床でも頑固で感謝の言葉も無い夫に耐えた。収容所に入る前後の模様や失望や悲しみを語り、彼女が愛したミシンの運命に触れた。

戦争前のこと、週に十八ドル稼ぐようになった長男が「ミシンを買ってあげるよ」と言ってくれました。次男も、長男がしていた食料雑貨店の店員の仕事を引き継いで収入を得るようになっており、二人でミシンを買ってくれました。彼らはこの事をとても誇りに思い、私も大きな幸せを感じていたのですが、戦争が始まってしまい、ミシンを売らねばならなくなりました。子供たちはとても悲しがりましたが、ミシンを手放し、収容所に入ったのでした。

パサデナで汽車に乗り、ツラベに行き、しばらくしてアリゾナ州のヒラにある収容所に入りました。そこはそれほど悪くありませんでした。至る所にヤマヨモギの生えている砂漠の真っただ中で、とても暑くて、ひどい、というのが第一印象でしたが、皆と同じ境遇で暮していると、収容所生活もいいな、と思うようになりました。皆、そこでの暮らしを楽しみました。

生け花を習ったり、ベルトを作ったり、お芝居などの演芸もありました。生活は楽で、醤油やお米など、欲しいものは何でも支給されました。「収容所に入ったら日本食は手に入らない」と思って、こっそりお米と醤油を持ち込みましたが、その必要はなかったですね。服からお小遣いまで、かなりいただきました。アメリカ政府は私たちを良く扱ってくれました。逆の立場だったら、このような待遇は受けなかったでしょう。

「忠誠問題」で夫に反旗、息子に判断を委ねる

収容所生活で、一部の一世の女性たちは、これまでの労働や経済的な責任から一時的に逃れることができた。新たに生じた難問で家族の間に緊張の糸が張り詰める中で、女性たちは自己主張を始めた。他の多くの日系家族と同様、ヨシハシ家の難問の一つは「忠誠問題」だった。アメリカ生まれで市民権をもつ二世は、アメリカに忠誠を示し、両親、特に父親と、日米どちらに忠誠を誓うかで、しばしば対立した。これまで家長である夫の意見に従ってきた一世の女性たちは、二世の子供たちを守るため、公然と夫に反旗を翻した。

収容所生活で最もつらかったのは、アメリカに忠誠を誓うか、という問いに「イエス」「ノー」で答えなければならなかったことでした。

ツールレーク収容所が「日本に忠誠を誓うと明言した人たち」を収容する施設になったと聞いて、夫が「ツールレークに皆で行って、それから日本に帰ろう」と私たちに〝通告〟すると、子供たちは真っ青になって泣き始めました。かわいそうに思った私は「パパが言うことに黙って従うことはありませんよ。後悔しないように、自分にとって一番いい、と思う選択をしなさい。親戚や友達にも相談し、じっくり考えて判断しなさい。この問題はパパの判断だけで解決できるものではないのよ」と言いました。息子たちは私の意見に従い、友達などにも相談したうえで、アメリカに忠誠を誓い、米軍に入って戦う道を選びました。一九四四年、第四四二連隊戦闘団に入隊したのです。

セツは、息子たちが「第四四二連隊戦闘団」で戦ったことで、大胆さ、勇気、献身などの面で尊敬を受けたことを誇りに思っていた。日系アメリカ人で編成されたこの部隊は、第二次大戦中アメリカ軍部隊の中で最も多くの勲章を受けた部隊となった。

息子たちは無事帰還、戦死した二世の悲しみ今も

娘たちも、「日本に帰ろう」という夫の考えに反対でした。末娘のフミコは「パパ、私たちは日本語を読むことも書くこともできないのよ。どうしたら日本で生活できるの。日本

には行かないわ」と毅然として言いました。私が「子供たちはもう、自分で判断できる歳になったのよ。子供を支配することはできません」と言うと、「お前がこんな態度だから、子供も俺の言うことを聞かないんだ」と激怒しましたが、私はひるまず、「子供たちはアメリカで生まれ、アメリカで育ったのよ。立派に成長したのだから、いつまでもあなたの言いなりにはならないの」と主張しました。

その後も夫とずいぶん議論しましたが、議論してとても良かったですね。夫の言うことを聞いて、ツールレークに行き、日本に戻ったら、どんなことになっていたか想像もつきません。夫の死後もアメリカで生活できたのは、息子たちがアメリカの軍隊に入隊し、私たちにお金を送ってくれたからです。それでも、アメリカに残るか日本に帰るかの問題は、私たちにとって最も難しい選択でした。この問題は、私たちの家族だけでなく、日系家族すべてに降りかかり、誰もが大変な思いで決断したのです。子供たちのすべてを支配しようとする一世の父親の考えは、時代遅れでした。子供たちは成長すれば、盲目的に両親に従えなくなるのです。

日本に忠誠を誓った人たちはツールレーク収容所に送られました。彼らの多くは戦後、日本に戻りましたが、日本ではだいぶ冷遇されたようです。敗戦直後の日本は「絶望的な国」でした。帰国していたら、私たち家族はどのような目に遭っていたでしょう。日本に帰らなくて良かった。幸い、息子たちは傷ひとつ負わずに復員し、長男は除隊後、大学に入ることができました。とてもありがたいことです。

しかし、私たちのように恵まれた家族ばかりではありません。収容所で最もつらい思い出は、両親の反対を押し切って戦地に赴き、命を落とした二世の若者たちの葬儀です。葬儀に参列することは、本当に悲しいことでした。ラッパの音がとても悲しく、とても寂しく流れました。ヘンリー・コンドーの葬儀は、その中でも一番、悲しかったので、よく覚えています。心がふさがれる葬儀でした。彼は、両親に別れも告げずに出征し、フランスで戦死したのです。参列者全員が泣きに泣きました。絶対に、このような悲劇を生む戦争を繰り返して欲しくありません。

●大事な土地は処分せずに収容所へ

キヨ・ミヤケ

日本軍の真珠湾攻撃は、本当に怖かった。でも、アメリカに居る私たち日系人に危険が及ぶとは思いもしませんでした。アメリカを信じていたし、恐れてもいなかったのに、どうして私たちを収容所に入れたのか、今でも理解できません。アメリカ人は愚かだ、と思いましたね。私たちの中にスパイなんていなかったし、それどころか、政府が第四四二連隊戦闘団を作った時、アメリカの為に喜んで命を捨てようとする二世の若者が何百人もいて、ヤマトダマシイという日本人の心をアメリカに捧げ、多大な貢献をしたのですよ。

退去命令が出ると、夫は収容所に行く前に、事実上所有していた農場を売ろうとしました。サンフランシスコの有名な花屋の主人が土地を一区画買いに来て、夫もこれに応じようとしたのですが、私は反対しました。「戦争が終わり、自由になってカリフォルニアに戻って来た時、子供たちに必要なのは、土地を売ったわずかな代金ではなく、『家』と呼べる場所。家が何よりも大切なのよ。子供たちにはこれまで、ずいぶん助けられてきました。その子供たちの将来を考えなければなりません。私の言うことが間違っていると思うのなら、どうぞ土地を売って。でも私は、自分の言う事が正しいと信じています」。結局、夫は私の意見に同意し、土地を売るのをやめ、人に貸して、収容所に入りました。

キヨは明治の女性の強さすべてを備えるように育てられたが、一世のパイオニアの女性として自分自身を見つめる欧米の考え方も身につけ、家族の間で無視できない影響力を持つようになっていた。家族を大事にし、家屋敷を絶対に手放そうとしなかっ

たのだ。夫の自立心の強い性格について話したが、それは二人に共有する特徴だったことを確認しながら、話を続けた。

私たちの農場は小さかったのですが、夫の自立心の強い性格もあって、他の人に依存しないで耕作を続け、栽培者組合には加入していませんでした。退去命令が貼り出されると、組合の責任者が毎晩、夫のところに加入を勧誘しに来ましたが、私は「広い土地を持っているなら、組合員になることで得をするかもしれないけれど、私たちの農場はとても小さい。組合に入って払う農場の管理費の方が、農場から得られる利益より高くなると思います」と言って、加入を思いとどまらせました。その代わりに、隣のご主人に農場の管理をお願いしました。管理能力はともかく、ご夫婦とも性格は良かったし、私は特に奥さんが大好きでした。女性を信用しない人がいますが、女性こそ、家族の中で実力者たり得るのです。女性は悪いことができませんから。

日本人の心が砂漠に花を咲かせる「奇跡」

慣れ親しんだ農場に別れを告げ、まず、マーセッド臨時収容所に入れられました。一時的な所だと思っていたので、生活環境の変化に動揺するようなことはなく、日本人の好みに合う食事にも慣れてきました。最初は希望者が多くて、食事の量は不足がちでしたが、子供たちに文句は言わせませんでした。配給を受けている他の日系人たちのことも頭にありました。非常事態なのですから、誰も不満を漏らすべきではないと考えたのです。

しばらくすると、アマチ収容所に移らされました。砂漠地帯にありましたが、〝奇跡〟が起きました。入居して間もなく、収容所が「花の町」になり、とても感動しました。日系人たちが住居棟と住居棟の間や、寝室ある建物の周りにきれいな花を植えたのです。砂漠に囲まれた場所を、美しく一変させ、日本人の心にあるものが目に見えるものとなったのでした。

収容所には色々な習い事のクラスがあり、ごく稀ではありましたが、裁縫の専門技能を身につけ、裁縫師として稼いだお金で子供たちを学校に入れた女性もいました。七十五歳（インタビュー当時）の今も、ハリウッドで俳優さんの衣装を縫っておられますよ。収容所で初めて経験した習いごとを前向きに活かした成功例ですね。

夫はボランティアで結核患者の方々の世話をし、私は英語のクラスに入って、ＡＢＣから習い始めました。習いごとやボランティアだけでなく、収入を得られる仕事もしたい、と思うようになり、私ともう一人を除いて皆、働き始めました。強要された訳ではなく、洋服店で働くように頼まれたのですが、お金を数えることができなかったし、よい売り子さんになれそうもないので、お断りしました。

福祉部門で働き、人々の悩みを聞くことに生きがい

そんなある日、とても大柄の白人の女性がやって来て、部屋のドアの前に立ち、他の人が出入りできないようにしたうえで、こう言いました。「私はブラウンと言います。収容所の福祉部門のリーダーで、一緒に仕事のできる人を探していましたが、やっとあなたに会えました」。

とてもびっくりしました。どこで私のことを聞いたのでしょう。英語で読み書きはできましたが、会話は苦手で、お断りしようとしたのですが、彼女は「あなたが適任です」と譲らず、さらに「この仕事には守秘義務があり、色々な問題と向き合います。誰でもいい、という訳にはいきません。引き受けるかどうか、真剣に考えてみてください」と念を押されました。帰宅した夫に相談すると、「大丈夫だよ。報告書を書く必要はなさそうだね」と前向きです。当時、私は三人の娘を収容所の外、東海岸の学校に通わせていました。

――当時でも、日系人は「西部防衛区域」以外なら、収容所からアメリカのどこにでも旅行でき、仕事を探すこともできた。西部防衛区域は、大まかに言ってロッキー山脈

から西側の地域。アメリカ政府は、特定の地域に限って日系人を脅威を与える者として扱う一方で、農場での穀物の収穫から国防関係の工場での作業に至るまで、地域外であらゆる仕事をさせた。

息子も二人いましたが、男の子がこのまま収容所でぶらぶらしていたら怠け者になってしまう、と考え、上の子を農場での作業に行かせました。下の子はまだ学校に通っていましたが、子供たちの面倒はこれまで十分に見てきたし、ミス・ブラウンのところで働くことに決めました。

日本で、問題を抱えている人々を助けていた母親を見て育ったキヨは、戦争で財産を失い人生に失望している人々を慰めたり、未亡人が子供の教育資金が得られるように助けたりするなど、収容所の中の様々な社会問題に対応することで、大きな満足感を得た。

私が与えられた仕事は、人生で最高の経験で、とても満足でした。家族や個人のあらゆる問題について相談を受けました。多くの人が様々な苦しみを持ち、話を聞いてくれる人を求めていたのです。英語をあまり話せない人のために通訳もしました。相談に来る人が増え、たくさんの案件を扱うようになり、戦争が終わって収容所を出る時には、七十件以上の案件を一人で担当していました。

仕事には満足していましたが、報告書を一件ごとに書くのに苦労しました。英語力の無さが本当に恥ずかしかったですね。でも、ミス・ブラウンはいつも私を励まし、助けてくれました。「心配しないで。私なんか日本語が一言も分からないのに、あなたは英語と日本語が両方分かる。これだけ書ければ上出来よ。報告書に文法的な間違いがあっても、そのまま本省に送ります」。

脳卒中で歩行不自由なおばあさんの心遣いに感動

仕事はやりがいがありましたが、とても忙しくて、受付の人に「まだ十人待っていますよ。『今日は、ここまでです』と、どうして言わないの」とよく注意されました。でも、相手が納得する前に、「時間ですから、お帰りください」とは言えません。相談を受けている時に、神さまについて話したことは一度もなかったけれど、態度で示しました。ある人が言いました。「実を言いますと、私はこのことを、誰にも話したことがありません。あなたを信頼してお話しするのです」。

また、あるお年寄りからは「どうかあなたを私の娘だと思わせてください。そうすれば心を開いてお話しできます」と頼まれました。彼女は脳卒中を患い、うまく歩くことができなかったので、こちらから彼女の住まいを訪ねると、食器棚まで苦労して歩き、キャンディをいくつか渡され、「私の孫にこれを渡してくれますか」と頼まれました。お孫さんへの心遣いに本当に頭が下がりました。それを聞いて「孫に、そんなつまらないものをあげないほうがいい」と批判する人がいましたが、私が「いいえ、彼女のお孫さんへのプレゼントは〝安物〟ではありません。ダイヤモンドの指輪より価値があるのよ」と言うのを聞いて、彼女は本当に幸せそうでした。

収容所の私の仕事場には、社会福祉の修士号をもつ人が四人いましたが、全員白人で、日本語が話せず、管理業務はできても、様々な日常の悩みを抱えた日系人の相談を受けることの容易ではありません。それに個人的な問題や苦悩で相談に来るのは、ほとんどが女性で、社会福祉担当の男性ではなく、私のところに来たのです。収容所の生活に上手くなじめず、おろおろしている人が多くいましたが、それもやむを得ないことでした。耳に入るほとんどの問題が不適切な男女関係。男女ともに自由な時間があり過ぎたのが一因ですが、具体的な内容について相談を受ける事はそれほど多くありませんでした。

相談を受けていて感じたのは、多くの家庭で高校生がトラブルの種になっている、ということでしたね。体をもてあまし、じっとしていることができず、仲間同士で争いを起こしていました。幸い、私たち家族はとても仲がよく、娘たちは夫には話さなかったけれど、私には、ボーイフレンドのことをよく話しました。私たちは何でも話しましたが、下の男の子だけは、私に打ち明け話をすることがなかったですね。

男性に逃げられた妊婦や耳が聞こえない元僧侶も

相談を受けた案件に、深い付き合いをするようになった若い男女の問題がありました。男性は女性を妊娠させたまま逃げてしまい、女性は生まれた赤ちゃんを養子に出しました。同じような別の案件では、若い女性が相手を裁判所に訴えることを考えたので、思いとどまるようにアドバイスしました。「訴えないで、黙って赤ちゃんを育てた方がいいわ。裁判所に持ち込んでも、非難合戦になるだけで、どちらの得にもなりません。惨めだと感じる必要はありません。二度と同じ失敗を繰り返さない、と自分自身に誓いなさい。未来は、あなた次第で開けますよ」と諭しました。初めは共同食堂に来ることさえしませんでしたが、「赤ちゃんのためにも、早く普通の生活に戻るように」とアドバイスをし、その後、日本から来た青年からプロポーズされて、結婚することができました。

またある日、男性が事務所にやって来たのですが、私たちに何かわめいているようで、応対に出た二世の若い女性はどう対応していいか分からず、私に助けを求めました。彼と話をしていて、耳が聞こえないことに気づきました。手話ができないので筆談を試みました。彼の教育レベルについて分からなかったので、彼のレベルを推測して文字を書くようにしました。農夫のような服装でしたが、彼の動作から判断して、かなりの教育を受けているように見えました。

それで、まず筆談で、「あなたのお名前は」と聞き、彼が答えると、次は「ご職業は何ですか」と聞きました。すると、「以前は僧侶でした。僧侶のままでいるべきだったのに、欲をかいてビジネスを始めた。悪い事をすれば罰を受けるのですね。強盗に襲われて耳が聞こえなくなってしまった。今では筆談でないと、他の人とコミュニケーションがとれないのです」。男性は仏教のことを詳しく知っていましたし、運勢を占うこともできました。働くことを希望していたので、仕事を紹介してくれる人を見つけ、問題は解決しました。

他にもたくさんの相談案件がありました。戦前、少しずつお金を貯めて、小さなビリヤード場やお店を手に入れ、商売を始めた一世がいましたが、「やっと楽に食べられるようになった」と喜んだのもつかの間、日本軍の真珠湾攻撃で戦争が始まると、財産をたたき売って処分せざるを得なくなり、貯金も失ってしまった。そういう人が少なくありませんでした。借金のかたに大事にしていた土地を差し押さえられ、重いうつ病になってしまった人など、大きな経済的ダメージを受けて精神的にも参っている人が、収容所にはたくさんいました。相談案件のほとんどが、それに関係することでした。問題は夫婦や家庭内でなく、外部要因で引き起こされていました。多くの女性が、夫を失い、それでも息子たちを大学に行かせたいと希望しており、学資の問題などで、その人たちに少しでも役に立てるように努力しました。とてもやりがいのある仕事でした。

強制収容への疑問、米政府の「恥ずべき過ち」

収容所での充実した日々を語り終える前に、キヨは、「何故、日系人に退去命令が出されたのか」という、多くの人が何度も繰り返してきた疑問をはっきりと口にした。この疑問について、一世に続く何世代もの日系アメリカ人が解明に取り組み始めたばかりだ。

アメリカが日本人を収容所に入れる、というのは、おかしな話で、理解できなかったですね。アメリカには賢いお役人や政治家がたくさんいたのに、無力な日系アメリカ人の大集団を移送し、収容所に閉じ込めるために莫大なお金を使いました。何の罪も犯していなかったのに、なぜ立ち退きを強制されたのか。アメリカ政府にあのようなことをさせる動機は何だったのか。まったく理解できません。

どうして、アメリカがあれほど日本人を恐れたのか分からない。ずっと不思議に思ってきました。アメリカの歴史で、日系人以外にそのような目に遭った人種はいません。アメリカは日系人を収容所に入れるためにお金をたくさん使わねばならなかったのですが、収容所でなく、例えば農場で働けるようにすれば、アメリカ社会に多大な貢献ができたのです。

恐らく、神さまに素晴らしい計画があり、お導きがあったのでしょう。アメリカが日系人を収容所に入れなければ、二世たちはカルフォルニアの僻地に追いやられ、精一杯頑張る機会がなかったかもしれません。収容所の経験があったから、二世は東部や他の地域で活躍する機会を得たのでしょう。

それでも、アメリカ人が、強制退去と収容所送りによって、日系人などアメリカ社会の少数派の信用と信頼を失い、自分たち自身の名誉を汚した、という事実は消えません。それが強制退去に対するに対する私の見解です。輝かしく、権威のある政治家たちは、日系人に大規模な立ち退きを要求した事実とともに歩み続けることになったのです。アメリカ政府が自国民に犯した、歴史上、最も恥ずべき過ちです。

●「ジャップ」と言われても「シカタガナイ」

カツノ・フジモト

長年の苦労からくる精神的緊張で、カツノ・フジモトはほとんどくじけそうになった。収容所にキヨ・ミヤケがいたら生きる力をくれたかも知れないが、彼女の助けは、人生のすべてを犠牲にして育てた子供たちだった。二十三歳も年上の夫と暮らすよりは自殺したほうがまし、と一度ならず考えた彼女にとって、夫に反抗するのも無理からぬことだった。

子供連れで帰国を勧めた夫に「アメリカに残る」と反対

夫は家族を養うために働きましたが、世界大恐慌の間、定職がなく、私たちは大変な思いをしました。彼が「しばらく子供たちを連れて日本に帰ったらどうだ」と言うので、「とんでもない。子供たちはアメリカ生まれ。どんなに生活が苦しくても、ここで育てるべきよ」と反論しました。私たちのやりとりを聞いていた義弟が夫に「ニイサン。ここで生まれた子供は皆、ここで成長することを認められるはずだ。経済的な援助が必要なら、私がさせてもらうよ」と言って、加勢してくれたのです。夫も同意し、私たちは節約して、どうにかアメリカでやっていくことができました。子供を連れて日本に帰ったことは一度もありません。

振り返ってみると、きまりが悪いのですが、良い成績をとるように子供たちを励ましました。マナーも厳しくしつけました。子供たちがけんかに巻き込まれると、「マケテ、カツ、よ」と言ってきかせました。けんかに勝者はいません。本当は子供たちに怪我をして欲しくなかったから言ったのですが、今にして思えば、「行って、けんかしてきなさい」と言うべきでしたね。「負けるが勝ち」という私の言葉に、子供たちはあまり不満を言わなかったけれど、時々、悪ガキたちから無理やりスクールバスを降ろされ、ひどい怪我をさせられることもあり、親の顔が見たい、と思いました。

戦争で日系人に対する周りの見方が厳しくなったのは、本当に悲しかったですね。ある日、学校から戻った娘が涙を浮かべて言いました。「私は『ジャップ』なんだって」。皆が彼女を「ジャップ」と呼んだのは、（真珠湾攻撃で）日本人に後ろから刺された、日本人は野蛮だ、と思ったからなのですね。泣いている娘に、「ちょっと待って。これには理由があるはずよ」と言ってはみたものの、私自身の考えをまとめることができませんでした。「なんてひどいことに、なったんだろう」と思いました。日本の軍国主義者がアメリカを攻撃する力があることは知っていましたが、真珠湾攻撃の前から、私たちは「ジャップ」と呼ばれ、土地も売ってもらえなかった。私たち日本からの移民がこのような扱いを受けていることに、日本はとうとう我慢できなくなったのでしょう。それで、戦争の間、私たちの身に何が起きても、「シカタガナイ」と考えるようになりました。

運命論的に思われるこうした反応は、一世たちがとった最も一般的なものだったが、それは単なる諦めではなく、現状を受け入れたうえで、「懸命に、勤勉に働くことで、結局、子供たちが報われるのだ」という信念を持ち続けることにつながり、困難な状況を生き抜く力となったのだった。

砂塵が部屋まで入る収容所で、忠誠を問われて

真珠湾が日本軍に攻撃されると間もなく、日系人協会で活動していた一世の男性たちはFBIから尋問され、拘留されました。婦人部会の部会長を数年間務めていた私も覚悟を決め、スーツケースの用意をしていましたが、「危険人物ではない」ということで帰宅を許されました。

私たちは法律に従い、当局の指示どおりに行動しました。決められた時間内に、決めら

れたマイルの半径内で買い物をするようにと言われ、間もなく始まる収容所生活に備えて壊れにくい生活用品を準備するようにと、リストを渡されました。持って行けるのは両手で運べるものに限られたので、両手で運べるスーツケース複数に詰め込みました。運べない持ち物をたくさん、教会の地下に置いておきました。高価なものも含めてたくさん盗まれましたが、「シカタガナイ」。とにかく従わなければならないのだ、という諦めが先行しました。

強制退去処分を受けた私たちは、まずツレア臨時収容所に送られ、それからアリゾナ州のヒラリバー収容所に入れられました。昼は暑く、夜はとても寒い。シャワーは、初めのうちは冷たい水しか出なかったので、熱いお湯が使えるようになった時は、皆、大喜びでした。トイレは個室になっていなかったので、カーテンで仕切るようにしましたが、住まいは各家族に一部屋。床板に開いた大きな穴や隙間から砂やほこりが入ってきました。食堂で食事している間に砂嵐に襲われ、砂入りのご飯を食べさせられることも度々でした。

「忠誠質問」の用紙が配られ、収容所生活に波風が立ちました。婦人部会の会長としてよくスピーチをしましたが、軍に徴兵されることになった若者たちの激励会では「日本に忠実である必要はありません。皆さんはアメリカで生まれたのですから」と申し上げ、さらに「ヤマトダマシイが皆さんの中にあることも忘れず、良きアメリカ市民であってください」とお願いしました。

ある若者が「オバサン。忠誠質問にどう答えたらいいですか」と聞いたので、「あなたに偉そうに答えられるほど賢くないけれど、自分の子供たちには、『良いアメリカ人であり、アメリカに忠誠を誓って欲しい』と思っているわ」と答えましたが、私の言葉で判断してもらいたくなかったので、「あなた自身で十分に考えて結論を出して」と付け加えました。翌朝、彼がお礼を言いに来ました。「あなたと話しができて、とても良かったです」。忠誠質問に「イエス」と答える、と決めたのでした。

収容所で忠誠質問を巡る集会が盛んに行われ、多くの人が日本をたたえるスピーチをしました。その中には、私の友人もおり、嫌な思いをさせられ、「できるだけ早く収容所を出たい」と思ったこともありました。

でも、一番つらかったのは、一番年下の息子が軍隊に入って、神経衰弱になったことでしたね。

●夫の見た悪夢が現実に

オナツ・アキヤマ

「うそでしょ、うそでしょ」。真珠湾が日本軍に攻撃されたと聞いた時、私は言い続けました。まったく信じられませんでした。夫は、真珠湾攻撃の前に、何千という飛行機が鉄道の駅に並んでいる夢を見たそうです。その駅は実際に、自宅のすぐ隣にありました。夫から夢の話を聞いた時は「本当に変な夢だ」と思っただけでしたが、この事を〝予告〟していたのですね。真珠湾攻撃を知ったのは、釣りに出かけていた友人がニュースを聞き、急いで帰ってきて、「大変なことになったぞ、大変なことになったぞ」と叫んだ時でしたが、他の人に確認するまで信じませんでした。

十八年続けた店が少年五人の窃盗団に襲われた

お店の営業をしばらく続けましたが、夜間外出禁止、銀行口座の凍結、旅行区域制限など、続けるのがだんだん難しくなっていきました。そんな中で、盗みの被害に遭ったのです。ある土曜日、若いフィリピン人が五人、車でやって来て、そのうち四人が店に入り、アボガドを手にとって食べ始めたので、魚を調理していた私は「お塩をつけるともっとおいしくなるわよ」と言って、塩をあげたりしました。小さな子供が二人、アイスクリームを買いに来たので、冷凍ケースに行こうとレジから離れた瞬間、先の四人がレジから現金をつかみ取ったのです。急いでレジに戻ると、わずかな小銭だけしか残っていません。「待ちなさい。夫を呼ぶわよ」と大声で叫びましたが、隣の部屋で昼寝をしていた夫は気がつがず、大声で叫び続けていると、犯人の一人が「ごめん。悪いことをしたな」と捨てぜりふを吐いて、皆、逃げてしまった。

警察に通報し、彼らの車の情報も伝え、ラジオで放送されて間もなく、逮捕した、と警察から連絡がありました。少年たちに車を貸した女性が警察に知らせたのです。警察が少年たちから盗んだお金を取り戻し、持って来てくれた時、「お金は、教会か救世軍に差し上げてください」と頼みました。警察は信じられない、といった様子で私をじっと見つめましたが、盗まれたお金を手にする気持ちになれなかったのです。五人に下された判決は、武器を持っていなかった、ということでわずか六か月の刑でした。五人組はサクラメントの数店で盗みを繰り返していたのになかなか捕まらず、私が逮捕のきっかけを作った、というニュースが新聞に載って、サクラメントから大勢の人が会いに来ました。私を「悪魔のような女」と思って来て見たら、違った、ということで、また新聞記事になりました。

そのことで大笑いしましたが、「笑い」はそこまででした。

夫は日本政府との接触を疑われて敵国人収容所に……

四月の末、ＦＢＩの係官がやって来て、夫を連行しました。夫が剣道に関わっていたからだと思います。彼は、子供たちを剣道の試合に出場させるために、フレズノ、ロサンゼルス、シアトルに連れて行きました。日本の高官を接待したことで、「日本政府と接触している」と疑われもしました。マルヤマ・ツルキ閣下（訳注・戦前、戦中に警視総監や大政翼賛会事務総長などを務めた丸山鶴吉のこと）がアメリカに来られた際、夫が主催してパーティを開いたことがあったのです。係官は日本政府との関係を尋ねました。夫などフローリンの日系人たちは、「マルヤマ閣下を歓迎したい」という純粋に儀礼的な動機だったのですが、係官は、パーティを開くのは日本の儀礼的慣習に基づいたもの、ということが理解できなかった。夫が日本から戻るといつもサンフランシスコで下船しているのに、「先日、日本から戻った時にシアトルで下船したのは、パーティ開催と関係があるのだろう」としつこく調べました。夫が乗っていた船はもともとシアトルに停泊することになっていて、シアトルでの下船は夫が選んだことではなかったのです。

夫を逮捕する時、係官は警察官を連れて来て、私たちの家に銃や刀がないか捜索させました。屋根裏部屋や便所まで調べたのですよ。夫が便所に行こうとすると、彼らもついて行くという徹底ぶりでしたが、夫は動揺せず、「連れて行く前に、ひげをそらせてくれ」と堂々と言いました。友人の下宿人、ヒトシさんが「行く前に一杯飲みましょう」とウイスキーを持ってきました。係官が気を利かせて座を外してくれたので、私たちは〝最後のお酒〟を飲みました。

夫が連行される時、私が片言の英語で「夫は世界で一番素晴らしい人です。どうして連れて行ってしまうのですか」と警察官に聞くと、「行き先が、きれいな花がたくさん咲いている素敵な場所だからですよ」との答え。これから何が起きるか分からないし、彼らの言うことを信じるしかなかったのですが、実際は、夫はサクラメントの拘置所に拘留された後、敵国人収容所に送られ、私たちは二年間、別れ別れに過ごさねばならなくなったのでした。夫がこんな目に遭ったのは、家にあった手紙や本やノートが全部、日本語で書かれていたせいではないか、と思っています。

夫の逮捕後に脅し、強制退去、別の収容所に

夫が連行されて六日目のことでした。例の窃盗団の一人が電話をかけてきて、「ミセス・アキヤマか」と聞いたので、「そうですよ」と返事をすると、「本当にミセス・アキヤ

マか」とまた聞くので「そうよ」と答えると、「すぐにお前を殺しに行く。用心しろ」とすごまれ、膝が震えました。怖くて立つことができず、這い上がるようにして下宿人のヒトシさんのいる二階に行きました。彼から通報を受けた警察が、まる一週間、店の周りを警戒してくれました。刑務所に入るきっかけを作った私を恨んで、脅したのでしょう。

　この事件と同じ月に、町のあちこちの電柱に日系人立ち退き命令が貼り出され、とても不安になりました。それまで十八年間、苦労して食料雑貨店を営んできたのです。それが紙切れ一枚で……。兵隊がやって来て店のドアに釘を打ちつけ、開かないようにしたことを記録しました。夫が連行されていたので、私一人で四人の子供の面倒を見ながら、店の品物の処分など、退去準備をしました。

　そして、まずフレズノ臨時収容所に集合させられました。猛暑以外に特に問題ない、とは言うものの、食事の配給を受けに並んでいる時、何人もの人が暑さで気を失って倒れることがよくありました。幸い、私たちの家族は倒れずに済みましたが。

　フレズノに五か月いて、デンソン収容所（正式には、アーカンソー州のジェローム収容所のこと。デンソンはそこから一番近い町の名前）に移されました。便所掃除をすると、月に八ドル五十セント支給されました。収容所の担当者が志願者を募集した時、手を上げる人は一人もいませんでした。「収容所当局には協力しない」という日系人グループの決まりがあったからですが、それを知らない私は手を上げ、便所の掃除係に応募したのです。仕事を始めてから、「あなたが掃除した便所は使えないし、便器に座ることもできない」と嫌味を言ったり、わざわざ隣のブロックにあるバス・ルームに行ったりする人もいました。私が掃除した便所を使いたくないのなら、どうして自分で便所掃除をしなかったのでしょう。私が収容所を出る時、「仕事を引き継ぎたい」と頼みに来た人もいたのですよ。

白人の友から自宅全焼の知らせ、子育ても心配

他にもつらいことがありました。白人の友人が手紙で、私たちの家が全焼したことを知らせてきたのです。同封の新聞の切り抜きによれば、「誰かが家に入って体を温めようと火をつけたのが燃え広がり、サクラメントから消防車が来るのが遅すぎて全焼してしまった」、ということでした。夫に手紙で知らせましたが、このようなことが起こるのを彼は予想していたようです。

子育ても苦労しました。子供たちは日本にいたことがあり、とくに長男は十五歳から二十一歳になるまで次男と一緒に日本で生活し、教育を受け、二人とも日本精神を持っていました。人生で最も感受性の強い時期ですね。夫は別の所に収容されていたので、私が四人の子供たちの〝養育責任者〟でした。ある夜、長男と次男が遅くまで帰宅しないので心

配になり、夜の十一時まで寝ずに、「何も起こりませんようように」と祈っていると、ようやく帰ってきて、長男が「ごめんなさい」と深々と頭を下げました。私は「アキヤマ家のカコチョウ（過去帳）を、家の宝として収容所まで持ってきています。それによれば、パパは十三代目です」と言い、長男に過去帳を取って来させて、諭したのです。「イチロー、あなたは長男です。パパが留守の間は、あなたが代わりをしなければならないのよ。イチローと私は他の三人の子供たちに責任があるの。だから、自分のすることに十分気をつけてちょうだい。不注意でトラブルに巻き込まれないようにしてね」。彼は「これからは、時間どおりに帰るよ」と約束してくれました。

一世の子供たちである二世は、収容所に入れられたにもかかわらず、一部の例外を除いて、アメリカの戦争遂行に驚くほど忠実に協力した。だが、オナツの子供たちのように、日本で教育を受けた二世、「帰米組」には、日本にいた期間や環境によるが、収容所で日本を支持するグループの核となる傾向があった。

「日本人に生まれて残念だ」と言う二世に対して、帰米組は「そんなことを言うべきじゃない。生き埋めにしてやる」と怒り狂い、一部の二世を集団で攻撃することもありました。息子も「帰米」だったので、抗争に関わるのではないか、と不安になりました。息子が乱暴者の二世の一人だったら、夫にどう説明したらいいのでしょう。でも、イチローは長男で、家の責任者としての自覚があり、私が心配していることも分かってくれた。「あのこと」があって以来、毎晩、十一時には帰って来るようになりました。

退去三年目、敵性外国人収容所でようやく夫と一緒に

こうした問題を除いても、収容所での暮らしは、とても大変でしたね。多くの若者がギャンブルをしたり、たばこを吸ったりしました。息子の仲の良い友達さえ、夜こっそり住まいを抜け出して悪ふざけをしていましたが、息子たちはそんなことはしませんでした。私たち家族はデンソンに移って三年目に、夫のいる敵性外国人収容所に移され、ようやく一緒に生活できるようになったのです。

家族から離れて収容されていた一世の男性は通常、最終的に家族と一緒の収容所に移ることを許された。オナツは「息子たちが忠誠質問について意見衝突するようなことはなかった」と慎重な言い方をしたが、アキヤマ家は日本に忠誠を誓うことを選んだ少数派の日系人だった。

収容所がどこにあったか、正確には覚えていませんが、多分、「クリスタルシティ」というところだった、と思います。二千人くらいの日本人とドイツ人がいて、戦争捕虜のため収容所だ、と言われましたが、捕虜とされる人の大部分が将校だったためか、皆、とてもマナーが良かったですね。夫が家族の中心になり、子供たちに威厳を示したので、以前のような心配ごとは消えました。状況はずっと楽になりました。

●動揺する私たちを教会の人々が支えてくれた

ミドリ・キムラ

真珠湾が攻撃を受けた時、私は教会にいました。教会から自宅に戻って昼食の用意をしていると、コーゾー・イシマツから電話があり、「真珠湾が攻撃された。ラジオを聞きなさい」と教えてくれたのです。胸が「ドキンドキン」と高鳴り、「ひどいことが起こるに違いない」と強い不安に襲われ、気が動転して口を開くこともできなくなりました。

あの時のショックは今でも忘れられません。私たちは家族全員を集め、注意するように言ってはみたものの、なぜ日本がアメリカと戦争するのか理解できず、日米の緊張が高まっていたことにも全く気づいていなかったので、本当にショックでした。

間もなく、剣道クラブに所属する子供をもつ両親や日系人のお店の一部の経営者、当時の日本人会の会長などが連行され、特別な収容所に入れられました。夫は長い間、日本人会の会長でしたが、逮捕されなかった。私たちがサンノゼの教会評議委員会の委員として熱心に活動していたのも、その理由だったかも知れません。

この大変な時期に、白人の友人が、私たち日系人コミュニティを助けてくれました。クーリッジという名の女の先生がいました。娘たちが彼女の家をよく訪ね、親しくしており、私たちの為に様々な支援をしてくれたのです。教会のピーボディ牧師と奥さんも、私たちを支えてくれました。日米が戦っている間もひどい扱いを受けずに済んだのは、これらのことと関係していたと思います。

私たち以外の日系人コミュニティの中には、男性が全員連行され、女性だけが残されたところもありましたから。よその地域から来た女性で、夫が連行されたために一人で赤ちゃんを産まなくてはならなくなった人もいました。幸い、私たち家族は大きなトラブルも無く、落ち着いた気持ちで収容所に入りました。


―戦前、ミドリは七人の子供の世話でいつも忙しかったが、他の多くの一世の女性のように物質的にも精神的にも苦しむことは一度もなかった。近くに子供たちの世話を焼いてくれる親戚がいて、快適な家があり、家族と昼の時間を自由に過ごせる仕事をもつ夫がいる生活。「子供の面倒を見ながら一日十四時間も農場で働き、地べたで眠る〝寝袋生活〟から、〝屋根と床のある家〟に住めるようになった」と喜ぶ人たちの生活とは、雲泥の差があった。キムラ家は家族全員が運よく同じ収容所で暮らすことができたが、そこでの生活は、ミドリの「特権を与えられたかのような生活」が変わる前兆となった。

戦争が始まるまで、私たちの唯一の白人の友人はビジネスを通してできた友人でした。私たちが立ち退く前に、ドクター・カットレールがやって来て腸チフスの予防接種をしてくれました。非常にたくさんのこまごましたことを処理しなければならなかったのですが、私たちにはショック状態が続いていました。夜間外出禁止令が出され、自宅から一定の距離以上は外出ができなくなり、退去通告が日系人の多く住む地域の電柱や建物に貼り出されました。

自宅を貸した相手に家財道具を盗まれた

私たちはスーツケース、バッグ、その他、色々な物を買わなければならず、何を持って行くかで、すっかり頭が一杯になり、退去前から疲労困憊していました。どこに行かされるか分からなかったし、持っていける荷物も「自分で持てる物だけ」に限られていたのです。山の中に行かされる場合を考えて、スープのような食品も用意せねばならないし、野外で夜を過ごすことも覚悟する必要がありました。

加えて「自宅をどうするか」という問題もありました。自宅は、夫が結婚前に、第一次大戦で戦った日系二世の方の名義を借りて所有していたのですが、法定代理人に管理してもらうことにし、「資産税を代理納付するのに十分な家賃を、借家人から受け取ることを認める」という契約を結びました。家賃収入は税金を差し引いても、かなりの額になったはずですが、代理人は私たちに一銭も渡さず、家の地下室に保管してあった家財道具は、借家人にごっそりと盗まれてしまいました。

強制退去命令を受けて、サードストリートのバス発着所に集合させられました。所属していた教会の評議委員会のメンバーがやって来て、お茶をいれてくれました。サンノゼは他の地域よりも、日系人に対する偏見の少ない地域だ、ということを証明するような風景でした。

バス発着所から、臨時収容所となるサンタアニタ競馬場に運ばれました。私たちの家族は、四歳、六歳、七歳、さらに中学生と高校生の娘、大学生の息子と娘、それに夫と私。割り当てられたのは、新築の簡易集合住宅で、他の家族のように厩舎の部分改造住宅ではなかったのですが、ひどいものでした。家族九人全員が一つの部屋。それでも、厩舎の改造住宅に入れられた家族に比べれば、ずっとましでした。友人の住まいに行きましたが、ものすごい臭いと湿気。壁には馬の歯の跡まで残っていました。

収容所のひどい食事は徐々に改善、生活に順応

食事にも問題がありました。食事の度に行列せねばならず、内容も、最初のころは、どれもドロドロに煮くずれていて、何なのか分からないほどで、料理をする人も給仕をする人も料理について何も知識がないようでした。あまりにもひどく、口に入れることができないので、お腹がすいてたまらなくなり、夜、家から持ってきたスープを温めて食べました。それでも時が経つうちに改善され、料理人も組織化されて、住みやすくなりました。

暑い盛りの五月二十九日に、娘の誕生日を祝いました。娘の白人の友達がパーティを計画し、許可をとってケーキを持って収容所を訪ねてくれたのです。空いている部屋を借り、クーリッジ女史や友人のドゥブネク夫妻もパーティに参加してくれて、収容所生活で

一番、印象深い出来事になりました。残念だったのは、一世の私は「敵性外国人」ということで、娘たちと部屋を別にされ、皆と握手できなかったことです。とても悲しかったですね。

小さい時から「周りの社会に自分を合わせる」ようにしつけられた一世、特に一世の女性の多くは、収容所生活でも、そこに長所を探し出し、それを生かすように努めた。ミドリも、さまざまな制限、粗末な生活環境、精神的な苦痛に押しつぶされないように、前向きに適応する道を見出そうとした。生活のすべてを通して、正常とは言えない環境と、高度に作り上げられた日本人社会のルールのバランスをとることで、収容所生活に順応していった。

全体としてみた場合、収容所はとても静かでした。ほとんどの人々がとても穏やかで、静けさと平和を愛する農民でした。こんなことを言うと非難されるかもしれませんが、都会人はもっとけんか好きでしょう。あちこちの収容所で騒ぎやデモがありました。ロサンゼルスから来た一人の若者が国の待遇に抗議し、デモに加わった支持者も逮捕され、見物していた若者の中にも巻き添えで捕まった者がいましたが、逮捕後どうなったのか分かりません。

サンタアニタ臨時収容所には三か月いて、ワイオミング州のハートマウンテン収容所に移らされるころには、夏の終わりになっていました。列車での移動は結構、楽しめました。寝台車が無かったので座席で眠り、食堂車で食事をしました。ショウユもミソも使わない全くのアメリカ料理を初めて食べた人たちもいましたね。ユタ州のソルトレークシティ、オグデンを通過し、だいたい四日でハートマウンテン収容所に着きました。到着時の係官の扱いはひどいもので、持ち物を全部、検査され、ラジオ、カメラ、そのほか〝武器〟になると思われる物はすべて取り上げられ、居住区画に連れて行かれました。

ハートマウンテンをはじめ日系人が入れられた収容所は、いくつもの居住区画に分けられた急造の集合住宅の集合体から出来ていた。それぞれの居住区画は防火帯で分けられていた。何千人もの人々を収容する粗末な集合住宅が何列も並ぶ光景を目の当たりにして、惨めさを味わうミドリに、さらにつらい体験が待っていた。

到着した翌日、収容所は激しい砂嵐と厳しい寒さに襲われました。ここでの生活は、慣れるまで大変でした。

アメリカに忠誠を誓ったら、「共産主義者」

夫はしばらくして、収容所で発行される新聞「ハートマウンテン・センテナリー」の日本語版編集者になりました。記事を英語から日本語に翻訳し、月に十九ドル支給されました。掃除、料理、設備の修理などで働くと月十六ドル、作業員の監督、医者、その他の専門職は十九ドル支給されましたが、私は、小さい子供たちの面倒を見なければならず、働くことができませんでした。

有刺鉄線に囲まれた施設に入れられているのは、とてもつらいことでしたが、食事の面では、配給制がとられていたので、他の収容所の方々よりも恵まれていたようです。アメリカ政府は私たちをとてもよく待遇してくれました。習字や生け花など習い事もできて、私は編み物や洋裁を習いました。収容されている人たちが対立した、という記憶はそれほどないのですが、どの収容所でも起きた問題ですが、アメリカの軍隊に志願した二世の子供たちと忠誠質問を巡る問題がありました。

私はアメリカで長く生活し、アメリカのお世話になってきました。子供たちは二世でアメリカ人です。それで、私たち家族はアメリカに忠誠を誓うことに決め、私たちの居住地区からは息子と、もう一人の若者が、第四二二連隊戦闘団の一員になりました。都会からやって来た人たちは洗濯室などで顔を合わせると、私の悪口を言い、「共産主義者」と決め付ける人もいたようです。直接、言われた訳ではなく、友達が聞いて知らせてくれました。私たちを「イヌ」とか「アカ」とまで言っていたそうです。収容所のほとんどの人が〝政治的〟な判断もあって、アメリカに忠誠心を示していたのに、非難の矛先は、私たちのように、いつも家族全体に向けられたので、軽視することはできませんでした。

長男はイタリア戦線に送られましたが、鼻に重い炎症を起こして、アメリカに戻されました。途中で、攻撃を避けて暗闇を走る船のことを書いた手紙をくれました。帰国後は、デンバーの退役軍人病院に配属され、衛生兵として働きました。

終戦、退去命令解除で家族全員、我が家に戻る

日系人に対する規制は徐々に緩やかになり、二世の子供たちは順番に収容所を出ました。長女は、収容所に入るまで通っていたサンノゼ州立大学の単位を移す形でニューヨーク大学への入学を認められ、次の子はオーバリン・カレッジ、その下の子はミネソタ州の高校に入り、男の子二人と女の子一人は、私たち夫婦と収容所に残りました。そして、終戦で退去命令が解除されると、家族全員が、カリフォルニアの我が家に戻ることができたのです。

●「収容所入りは一世のせい」と子供たちが非難

シズ・ハヤカワ

東部からきた日本人たちは、「戦争が起きるだろう」と言い、「心配するな。日本がアメリカに爆弾を落とし、アメリカを占領するだろうから」と自信たっぷりでした。そんな話は信じていなかったので、実際に日本軍が真珠湾を爆撃した、と聞いてショックでした。

それから間もなく、収容所に送られる、と聞いたときは恐怖を感じました。それぱかりではありません。子供たち二世は、私たち一世が指紋をとられ番号をつけられるのを見て、「恥ずかしい」と思い、移送を担当する係官が、英語がほとんど分からない私たちに色々な質問をあびせるのを目の前にして、「こんな不幸な状況になったのは、日本人の両親のせいだ」と考え、激怒しました。そして、「(アメリカ人の)自分たちが収容所に入れられるのは、一世のせいだ」と繰り返し非難したのです。

収容所に入れられる時、おかしな話やうわさがたくさん飛び交い、私たちは「全員、殺される」と考えました。一列に並ばされ、行ってはいけない場所を告げられ、荷物をまとめるように言われましたが、幸いなことに、仕事先の家族が親切な方たちで、私たちの所有物をすべて自宅に保管し、収容所にも、キャンディなど色々なお菓子を送ってくれました。

日系一世の夫が逮捕された白人の妻や子供たちを助けた

でも、私たちのような幸運な人たちばかりではなかった。仕出しサービスをしていたキムラさんをはじめ一緒に働いていた日系人の男性は全員が逮捕され、キムラさんの奥さんは白人でしたが、力づくで連行される夫を見て嘆き悲しみました。彼女が私に「スージー（私の愛称）、あなたのご主人も引きずって連れて行かれたの」と聞くので、「いいえ。夫は日本政府と何の関係もないの。何にも関係ないので、今でも（逮捕されずに）ここにいるわ」と答えました。

彼女には子供が三人いましたが、日系人たちから「ハッパ（ハーフ・アンド・ハーフ）」と軽蔑されていました。「ケトウ、ケトウ（毛深い異国人）」とも呼ばれ、つらかったでしょう。夫が連行され、いじめの対象になった子供たちと残されたのです。

夜間外出禁止令が出て、日系人が夜は働きに出かけられなくなっても、キムラ夫人は「日系人ではない」ということで、夜でも外で働くことができましたが、三人の子供たちを抱えて生活できるほどの収入が得られず、気の毒に思った私は、中国人に成りすまして工場で働き、彼女を助けました。

キムラ夫人の子供たちのうち一人は高校を卒業する年齢でした。夫人は、自分が白人なので収容所に入らないつもりでしたが、娘さんが日系人のボーイフレンドと収容所に入ることを希望したので、私は「子供たちと収容所に行く用意をなさい」と説得しました。夫人は、子供たちが収容所で馬鹿にされたり、いやな呼び方をされたりしないか心配で、なかなか決心できずにいましたが、退去の当日に、ご主人が釈放されて自宅に戻ってきて、私もホッとしました。キムラ家は、私たちと同じタンフォランの臨時収容所に入りました。

白人からも日本人からも誤解される恐れのあるキムラ家は、私たちとは別の意味でつらい時期を過ごしました。娘さんたちは日系人に嫁いで、今でもここ、サンフランシスコのベイ・エリアに住んでいます。昔は「ケトウ、ケトウ」と呼ばれていましたが、今では負い目も無く、日系人であることに誇りを持って生活しています。

教会の人々から助けの手、だが「別扱いは受けられない」と収容所へ

収容所に入ることになったその日、私たちが所属していた教会から「私たちは教会の信徒です」と書いたカードをいただきました。牧師さんや教会の方々の中に「このカードがあれば、アメリカ政府が自宅から退去させることはないだろう」と考える方がおられたの

でしょう。その時は、口に出して言わなかったのですが、頭の中で、「このカードを持っていることで、他の人と異なる待遇を期待していいのだろうか」と考えました。

仏教徒だろうとキリスト教徒だろうと、宗派には関係ない。私たちは皆、日系人なのです。仏教徒は駄目だ、私たちがキリスト教徒だからアメリカ人のように扱っていい、というのは、正しい態度ではない。教会で、どのようにして、そのことを率直に話せばいいのか、分からないまま、そのカードを持って家に戻りました。私たちキリスト教徒が別扱いを期待するのは間違いだ、と今も思います。

私たち夫婦は汽車で二日ほどかけて、ロサンゼルスのそば、サンタアナの東にあるポモナ臨時収容所に行きました。対向列車が来る度に、私たちの乗った汽車は通過待ちをさせられ、収容所に着くまで、行き先さえ知らされませんでした。それに、サンフランシスコ市内とベイエリアから来た日系人がすべてポモナ臨時収容所に入れられたのではなく、子供のない夫婦と独身者だけでした。キムラ家のように家族のある人はタンフォラン臨時収容所に連れて行かれたのです。

ポモナにはオレンジの木がたくさん生えていて、環境はよかったのですが、建物は簡易住宅でした。食事の内容はいい加減で、料理人は料理の仕方も知らないようでした。給仕する人も慣れていなくて、私たち家族は黙っていましたが、他の人たちは色々と苦情を述べました。配膳も平等にするはずなのに、順番の始めの方の人たちが勝手に多く取ることもあり、常識を無くしてしまったような振る舞いに頭痛がしました。

キムラさんの家族がいたタンフォランには、これまでシャワーを見たことも、使ったこともない家族もいました。サンノゼから来た農家の人たちでした。収容所に入って、シャワーを使うことになり、家族の中でも小さな子供たちはこの不思議な、新しい道具を面白がって、夢中で色々いたずらをしていたようです。

砂漠の真っただ中の収容所、冬の寒さが身にしみた

次に、ワイオミング州のハートマウンテン収容所に移されました。途中、砂漠地帯を走る汽車の中でずっと考えていました。私たち日系人はどうして、この広いアメリカで拒絶され、否定されなければならないのだろう。戦争も、日系人を拒絶することも、まったく必要ないのに、和服を着ることも、映画を見に行くこともできない。なぜこんな扱いを受けねばならないのだろう……。

到着したハートマウンテン収容所には、一万人（米政府の発表では、約一万人とされている）が収容されており、一つの町のようでした。砂漠の中にあったので、風が吹くとすごい砂ぼこりが立ち、冬には雪が降りました。建物の造りが非常にお粗末で、壁や床板の隙

間から、砂ぼこりが舞い込み、薄っぺらな壁なので、冬は寒さが身にしみました。

兵隊などが監視の目を光らせているのも苦痛でした。収容所の居住区はフェンスで囲まれていたのですが、彼らの警告を無視してそこを通り抜けしようとすると、監視塔から銃を向けられました。部屋にはベッド以外に家具は無く、棚を作ろうと、夜になって板切れ探しに出かける人が少なくなかったのですが、監視兵に見つかって、ひどく叱られていました。

一番イライラしたのは、私たちがベッドに入った後で、二世の警官がベッドに寝ている人数のチェックに来たことです。何度来ても、ベッドで寝ている人数を間違いました。暑い時期は、少しでも涼しく感じるように、床に毛布を敷いて寝ることが多く、若い人たちは外で寝たので、うまく人数がチェックできなかったのでしょうが、それにしてもお粗末。警官はいったい正しく数を数えられるのかしら、といつも疑問に思いました。

ハートマウンテンも、食事はおいしくなかったですね。食事の時は、一列に並び、公平に行き渡るようにしなければならないのに、卵はほとんど回ってきません。運よく卵が回ってきても、子持ちの親たちが欲しがり、「卵が一個しかない、もっと欲しい」と要求し、自分の子供が十分な食事を確保できるように、後から来ても列の前の方にもぐりこませ、確実にもらえるようにしていました。

これに限らず、「日本人はなんてひどい、憐れな集団になってしまったのだろう」と思うことがよくありました。日本人同士でけんかしているのをアメリカ人に見られるのは、嘆かわしい光景でした。男性たちは深酒をして自分を笑いものにしていましたが、収容序暮らしも一年たつうちに、だいぶ落ち着いてきました。

「アメリカ側」と非難されたが、友人に守られた

忠誠をアメリカに誓うのか、日本に誓うのか、という問題も起きました。私はアメリカで生活しているので、「この国に忠誠を誓うことは当然のこと」と思っていましたが、収容所では、日系人がたびたび講演して、「我々は日本を誇りに思わねばならない」と熱弁をふるいました。私は収容所にいる間も、英字紙のサンフランシスコ・エグザミナーを送ってもらっていましたが、そのことも含めて、日本に忠誠を誓う人たちは、私に嫌味を言いました。私は、サンフランシスコにいる時から、「アメリカ人のために働き、アメリカの側に立った」と批判を受けていましたが、収容所でも同じことがあったのです。

忠誠問題は、日系人が各地の収容所に入れられて間もなく、深刻化し始めた。アメリカか、日本か、どちらに忠誠を誓うかで意見対立が激しくなり、日本に忠誠を誓う

――グループは、誓わない人々を中傷し、村八分にし、収容所によっては、暴力を振るうまでになった。

それでも、私たち家族が暴力を振るわれたり、不当な扱いを受けたりしたことは一度もありませんでした。守ってくれる友達が何人かいました。収容所にいる私宛てに、白人の友達から「戦争が終わったら、また仕事をして欲しい」というメッセージが届きましたが、それも日本に忠誠心を占める人たちの気分を害したようです。

日本の歴史では「争いが起きたら、主君のために戦わねばならない」とされています。アメリカに来て、アメリカ市民になったなら、アメリカという国に忠実でなければなりません。日系人の友人の子供たちは、開戦前から米軍で教官になっていましたが、米軍の人事担当将校から「どうして、ジャップが米軍に志願できるんだ」と聞かれたそうです。

ある二世が「オバサン。アメリカ人は僕たちがアメリカ人だということを知っているのに『ジャップ』と呼んで軽蔑しているけれど、そのうち、のけ者にするのをやめて、『ジャパニーズ』と呼ぶようになりますよ」と私を慰めてくれましたが、そう言いながら、彼も心の中で怒っていました。「我々は自分をアメリカ人と思っているが、白人はそのように見ていない」と感じていたのです。ですから、私たち一世が収容所に入れられるのは、それほどおかしなことと思いませんでした。私たちはしょせん外国人。警戒されるのは、分かるし、自然でしょう。当然ながら、違う考えの人もいましたが。

戦時中に収容された多くの日系人と同様、アメリカに対する忠誠心と「自分たちをアメリカ政府が拘束したのは正義に反する」という判断の間の葛藤を解くことが、シズにはできなかった。しかし、正義は、日本人の伝統的な世界観では最優先されず、彼女もそれに従った。「誤解はいつか消え、ものごとは中庸に落ち着く」という明治の考え方に重きを置いたのだ。そうなる日まで、勤勉と忍耐が必要。このインタビュー当時に存命中の数少ない一世のほとんどが、政府に謝罪と賠償を求める日系アメリカ人の運動を支持していた。要求には、アメリカ政府による、拘束した人々への謝罪、謝罪の印としての金銭の補償、強制退去で起きた憲法上の問題に関する訴訟の最高裁判所判決のやり直しが含まれていた。一世たちはこの運動を、誤った行為を正すやり方と考えたようだ。

●息子は十八歳で応召、戦死、祖国に身を捧げた

コー・ハジ

コー・ハジの父も祖父も養子だった。日本では、姓を継ぐのは男子であり、男子のいない家は男の養子を迎え、姓を継がせる。そうしないと家系が断絶してしまう。彼女には、自分の経験から、男の子を持つことの大切さが特別に身に染みていた。そのためか、戦時中についての彼女の話には、余計につらさが感じられた。

私たちには息子が一人、成人した娘が二人いて、夫と娘たちは、私より早く収容所を出ました。息子は高校に通っていたので、私は息子が卒業するまで彼と残り、卒業してから収容所を出てワシントン州のモンローにいる夫の元に行きました。

ところが、息子が大学に入って一年たった時に召集令状が来たのです。米軍では兵隊が足りなくて、わずか四週間の訓練で若者は海外に送られていました。入営する息子に「もう一日だけ長く、家にいて欲しいわ」と頼むと、息子は「母さん、現地で戦っている兵隊を楽にするために、できるだけ早く出かけないといけないんだよ」と言い、「働き過ぎない

でね」と体調の良くない私を気遣ってくれたのを覚えています。その息子の言葉を、今でも忘れられません。

四日後に息子は欧州の前線に送られました。彼から来た最後の手紙の日付は四月二日、キリストの復活の主日。その七日後の四月九日に戦死したのです。十八歳でした。一人息子を亡くすのは、本当につらかったけれど、アメリカに来たことを後悔しなかった。一人息子を失ったことを、皆さんが一緒に悲しんでくれましたが、息子は祖国に身を捧げ、皆さんの記憶に留められることになったのです。誇りに思います。毎年五月の戦没将兵追悼記念日に、彼の栄誉が讃えられるのです。私はこうも考えます。「兵役を務め、生きて戻り、今も国のために働いている人たちは、もっと大きな貢献をしているのだ」と。

＊＊＊＊＊＊＊＊＊＊＊＊＊＊＊＊＊＊＊＊＊＊＊＊＊＊＊＊

アメリカ政府による日系人の強制退去、収容所送りは、各地の日系人社会を根こそぎにし、計り知れないほどの経済的損失をもたらし、何千、何万という日系アメリカ市民の市民権を甚しく侵害し、すべての分野で日系人に多大な精神的苦痛を与えた。だが、それから七か月もたたないうちに、戦時転住局が（戦争が終わるのを前提に、日系人の）収容所外での労働・収容所退去の運用プログラムをまとめ、日系人が西海岸

以外ならどこでも移住を認める再定住計画の作成を始めた。一世の女性が再び、個人、あるいは集団として持つ、精神的な強さ、頑張りが求められるようになるのだ。

第4章
終戦、収容所から出て再びパイオニアに

日系人にとって、日米開戦で強制退去命令を受け、収容所に入れられたことは、受け入れがたい、困難な経験だった。だが一転して、収容所を出るかどうかの判断を求められるようになった時、彼らの心は、また別の複雑な思いで一杯になった。強制退去前の生活の場所に戻った人々に関係する偏見に満ちたうわさは、見過ごされるようなものではなかった。西海岸の多くの日系人社会で、物理的な暴力や嫌がらせが日常的になっていたのだ。

だが、そうした問題が起きていたにもかかわらず、日系人を収容所に入れてから一年もたたないうちに、アメリカ政府は彼らに、収容所の外に出るよう奨励するようになっていた。日系人の多くが労働許可をとって農場で作物の収穫を手伝い、大量の出兵によって足りなくなった労働力を補う役割を担わされた。ロッキーマウンテンの東側に定住する者、保証人に身元を保証してもらって収容所から出る者もいた。若い男女の中には、この機会を利用して中西部や東海岸に移り、勉学を続ける者もいたが、兵役に就く若者も多かった。

頑健な若者が収容所を去った後に残された多くの一世の親たちにとって、夫婦の大きな年齢差が深刻な問題になった。年老いて亡くなったり、病に伏したりした夫に代わって、一世の妻たちは家長の役割を果たさねばならなくなったのだ。

●留守中に夫を亡くしたことが悔やまれる

ヒサヨ・ハナト

収容所にいる時、夫が脳卒中になり、長い間、床に就いていました。麻痺はなかったのですが、動作がとても遅くて働くのは無理。私が家族を養わねばならなくなりました。でも、子どもたちも、もう大きくなっていましたから、とても大変、というわけではありませんでした。

戦争が終わりに近づく頃、私たちはジェローム収容所からローワー収容所に移りました。その後、収容所を出て、娘夫婦の住むシカゴに行きました。裁縫の仕事を見つけて収入を確保し、ぜいたく、というわけにはいきませんでしたが、家族を養えるようになり、戦前に住んでいたロングビーチに戻るまで二年間、そこで暮らしていました。ロングビーチに戻ってからは、ほとんどの友達が働いていた缶詰工場で、かなり長い間、そうですね、十五年間働きました。

いつもなら土曜日は工場に出かけないのですが、ある土曜日たまたま呼び出されて働いている間に、夫が再び脳卒中で倒れ、亡くなりました。亡くなる時に、そばに居ることができなかったのが、とても悔まれます。

●二世の若者たちが収容所から巣立つ

テイコ・トミタ

「いつ戦争が終わるのだろうか」と皆で言い合っていました。将来に望みを懸ける若者たちは、勉強や仕事をするために収容所を出ました。私たちの子供たちのうち、長女はミネソタ州でアルバイトをしながら大学を卒業し、就職してニューヨークに行き、長男は十七歳か十八歳で、やはり働きながら大学に行こうと収容所を出ました。収容所にも高校はあったのですが、正規の学校ほどレベルが高くなく、次女も収容所を出ましたが、末っ子の男の子は私たちと残りました。

でも、一世たちも段々と、ここに居続けることが出来ない、と感じるようになっていきました。「出所後の落ち着き先が確認できれば収容所を出ても構わない」ということで、多くの人たちが出ていったけれど、私たち夫婦の間では、若干のいさかいがありました。「収容所を出て働く方がいい」と考えた私は、夫に「出ましょう」と提案し、彼は最初、難色を示しましたが、一人また一人、と仲間が出て行くのを横目で見て、提案を受け入れました。七月四日になって、ようやく収容所を去ることになったのです。

農場主の好意で住まいと仕事を得た

キタガワ牧師の紹介状のお陰で、ミネアポリス近くの大きな苗床農場で働くことができました。不安もありましたが、ジョンソン農場に到着して間もなく、一緒に働く人たちがとても良い人だと分かって、安心しました。「ミネソタ州の人たちは日系人を親切に受け入れてくれる」と聞いていましたが、私たちは本当に運が良かったのですね。

農場主のジョンソンさんは、私たちを車であちこち連れて行ってくれました。ある日、ドライブ中にカー・ラジオから戦場からの報告が流れてくると、彼は私たちを気遣って、ラジオを消してくれました。お客さま扱いでした。

彼は、苗木育成用と野菜栽培用に三百エーカーの土地を持っており、私たちの他に十人の白人労働者を雇っていて、夫に管理を任せてくれた農場は公園くらいの広さでした。またジョンソン家は自宅の清掃と洗濯を専門にする女の人たちを雇っていたので、私の仕事は、ほこり払いや炊事、テーブルを片付けることだけ。本当に、それだけが私の仕事だったのです。ジョンソン夫妻と私たちのためだけに料理を作り、一緒に、同じものを食べました。楽しかった。
七月にジョンソン宅に来て、二か月後の八月十五日に日米の戦争が終わりました。それを知った夜は、日本が負けたことが悔しくて、自室で夫と二人で泣きました。一緒に働いている人たちは、そういう私たちに気を遣ってくれました。隣の家の人たちは祝杯を上げ、翌朝まで飲んだり歌ったりしていましたが、彼らの立場だったら、同じことをしたでしょうから、責めることはできませんね。翌日、ジョンソン家の人たちは、とても広い心で接してくれました。「日本は戦争に負けたが、アメリカは日本を冷酷に扱ったりしないから、心配しなくて大丈夫。できる限りここにいなさい」と言ってくれたのです。

収容所で過ごした三年間は、時として緊張したり不安に感じたりすることがあったものの、それまできつい仕事と苦労の絶えない暮らしを続けてきたテイコに、ひと時の休息を与えてくれた。収容所を出た後も、ジョンソン農場で恵まれた生活を続けることができたはずのテイコが、どうして、シアトルでのきつい仕事に戻ることになったのか。それはテイコたち夫婦が、家族の居ない二人だけの暮らしに満足できなかったからだ。自分の家屋敷のあるシアトルの農場への帰還は、彼らに残された課題だった。彼らと子供たちにとって、その農場こそが〝わが家〟だったのだ。

シアトルの自分の家に戻り、荒れた農場を作り直す

ジョンソン家で働いていた時に、現地で日本語の新聞が何紙か発行され始め、私たちも一紙を購読しました。「誰だれが、前に居た所に帰ってきた」とか、「どこそこに、日系人のためのアパートがオープンした」とか、日系人関係のニュースを色々載せていて、それに刺激されて、夫に「シアトルの家に戻りましょう」と言いました。収容所を出る段階では、他の人たちが以前住んでいた家に戻ろうとしていたことを知りませんでした。多くの友達がシアトルに戻ろうとしていたのを、後で知って、私も帰りたくなったのです。

でも、「帰ろう」「帰ろう」としつこく言い過ぎて、夫が怒り出しました。ジョンソン農場の仕事に慣れ、とてもうまくいっており、能力を認められ、信頼されてもいましたから、シアトルに戻りたくなかったのです。「お前がジョンソン農場に来たい、と言ったから、俺は来たんだぞ」と抵抗しましたが、私はひるまず、「シアトルに戻るのを遅らせられませんよ。ここに永久にいるわけにはいかないんだから」と説得を続けました。シアトルの私たちの苗床農場ですべきことが山ほどあったのです。最終的には、夫も同意してくれました。

ジョンソン農場に別れを告げ、感謝祭（アメリカとカナダの祝日、アメリカでは十一月の第四木曜日）の日に列車でシアトルに着きました。でも、管理してもらっていたはずの苗床農場は荒れ放題。手入れを一からやり直さねばならなかったこともあり、収入はわずかで

した。農場をきちんと利益が出るように整備するには、お金が必要。夫は植木職人としてお金を稼ぎ、一年ほどで、前に使っていた古いトラックを見つけ出して修理し、農場での仕事に戻りました。苗床農場に植えてあった木は大きくなりすぎて売り物にならず、まず、野菜を何種類か栽培して売りました。滞納していた税金も払う必要がありましたが、政府は十年の分割払いを認めてくれたので、土地の差し押さえだけは、なんとか避けられました。他の人がしたことのないものも含めて、ずいぶん色々な経験をしましたね。

立派に自立した子供たち、やり残したことはない

そうこうしているうちに子供たちも大人になりました。長男は戦争中に徴兵されてスネリング駐屯地に配属され、日本語の仕事に就きました。日本の学校に八年間通っていたので、日本語を上手に話せたのです。白人の将校が日本人と意思疎通できるように、まず、通訳の研修を受け、幸いにも海外の戦場に出ることなく終戦を迎えました。戦後は大学に進学し、化学工学で学位を取り、首席で卒業。全額支給の奨学生としてヨーロッパで勉強する機会を与えられたのですが、私は、長男である彼に遠くに行って欲しくない、と反対し、彼も勉強を続けるのを諦めました。

長女はミネソタ大学で心理学を専攻し、ニューヨークの大学院に進学して、良い仕事を

見つけました。今は、人材紹介会社のトップとして世界中を飛び回っています。次女は大学でジャーナリズムを専攻しました。ジャーナリストになることを勧めはしませんでしたが、私が書くことを好きなのを知っていました。家を出て結婚し、遠くに住むようになるのでは、と心配していたのですが、家に戻って結婚しました。一番下の男の子は数学の専門家です。高校を卒業してボーイング社に勤め、二、三年働いてお金を貯めから、大学に入りました。卒業までしばらくかかりましたね。学校に行っている時も、アルバイトをしていました。大学を卒業すると、再びボーイング社で前よりも良い仕事に就くことができました。このように、子供たちについて心配することは何もありません。たとえ今、死んでも、やり残したことは何もない。満足です。

息子たちが新築した家の建設費に強制退去の補償金を

戦後七年くらい経って、息子たちが「古いぼろ家には、もう十分長く住んだでしょう。新しい家を建てよう」と言ってくれました。ちょうどそのころ、強制退去に対する補償を日系人皆で要求しよう、という運動が起き、私たちも弁護士に相談して、要求書を出しました。長い間待って、政府から送られてきた通知には、私たちに与えた損害に対する謝罪と補償金額が書かれており、要求額の半分を少し下回る補償金を受け取りました。戦争が終わってかなり経っており、いただけるものは文句を言わずに受け取るべきだと思いました。書類に署名すればすぐに補償金を受け取ることができ、その時点で、新しい家は基礎が出来上がっていたこともあり、「建築資金の一部に充てられる」と息子たちも喜んでいました。息子たちが協力し合って、家を建てたのです。電気の配線、水道、暖房は業者に任せましたが、それ以外は全部、彼らがしました。

“終の棲家”のはずが、空港拡張で追い出された

新しい家には、しばらく家族全員で住んでいましたが、子供たちが一人、二人と出て行って、結局、私たち二人だけになりました。でも、二番目の息子がすぐ近くに家を建て、電話すれば二、三分で来てくれるので、とても頼もしかった。運転できなくなった夫に代わって毎週、買い物にも連れて行ってくれるようになりました。私たちは二人とも、この家で死ぬことに決めていたのです。

ところが、その思いを妨げる問題が起きました。空港が拡張されることになり、私たちの土地を買いたい、と言ってきたのです。反対しましたが、結局、引っ越さざるを得ませんでした。本当にがっかりしました。夫は言いました。「ああ、なんてことだ。四十年もこの土地で過ごし、骨を埋めるつもりだったのに。この家だって、子供たちが俺たちのた

めに建ててくれたのだ。それなのに、また移らなければならないのか」。補償金がいくらか支払われ、三マイル離れたビーコンヒルに引っ越しました。

その後も、私たちは慣れ親しんだ農場のことを思いました。そこに行くたびに、懐かしい通りを過ぎたところにある、私たちものだった土地を眺めました。家の土台、私たちの植えた木、柳、松ノ木が見えました。木はどれも大きくなっていました。それを目にすると、心が揺さぶられる思いでした。あの頃、夫はまだ生きていたのですね。

最近、あのあたりを通ったら、すっかり変わってしまって。丘は平らになり、若者向けのスポーツセンターが建っていた。時の流れ、時の変化。私たちは本当に色々なことを経験してきました。

●収容所から出る直前に夫を亡くした

セツ・ヨシハシ

収容所に発つ前のある日、夫が「俺は収容所で死ぬかもしれないなあ」と言いました。本当にその言葉どおりになってしまって……。収容所の係官が葬儀と埋葬の費用をみてくれたので助かりましたが。葬儀が済むと、オハイオに向かう準備に取りかかりました。私たちは一九四二年に収容所に入ったのですが、一九四四年に夫が亡くなり、翌年、終戦の前にそこを出ました。保険金で、家具を少しばかり買うことができました。

セツが話している時、夫を亡くした喪失感や悲しみの表情は見られなかった。長い間、セツはヨシハシ家の事実上の経済的な責任を負い、夫の体力が徐々に衰えても、家族の重要な事柄を独りで決めるのに何の不都合もなかった。とても気難しく、要求の多い夫が亡くなって、絶え間ない小言から解放されたことを思い出して、セツはホッとため息をついた。

戦場から戻る息子たちに大きくて素敵な家を借りた

夫が亡くなって、すぐに収容所を出る決心をしたのですが、出るのは怖かった。収容所の安心できる環境の中で、長い間、日系人だけで暮らし、友達もたくさんいたので、白人の多い社会に出て行くのはとても難しい、と思いました。収容所を出て、仕事を探しに行くと……口にしたくないのですが、自分が……物もらいのように思えて。それでも、自分を叱咤激励して白人家庭の仕事に出かけました。

オハイオに移って、大きくて素敵な家を借りました。戦争から戻った息子たちが、その家を見て、とても喜びました。息子の友達が家に泊まって、和食を食べ、休息をとり、それからカリフォルニアに帰りました。息子たちは素敵な家に住むことができて、とてもうれしそうでした。戦争の体験ですか。彼らがその話をしたことは一度もありません。軍に入隊した時、「姉さんが結婚して東京にいるから、日本とは戦いたくない。イタリアとフランスで戦うことにしたよ。危険だけど、日本と戦うよりはいい」と言っていましたし、つらい思い出ばかりだったのでしょうね。長女は戦後、アメリカに戻りましたが、病気で亡くなりました。娘を二人亡くしたので、生きているのは三人の息子たちだけです。

オハイオでの一番悲しい出来事は、日本の降伏でした。ちょっと気がかりなことがあって、気分転換に映画を見に行ったのです。映画館は混んでいて、日本人は私だけ。後ろの席に座って、日本の偉い人がマッカーサーの前で降伏文書に署名するニュース映画を見ました。本当につらく、悲しかった。そんなニュースを見るつもりで出かけたわけではないのに、運悪く、日本降伏のニュースを上映する日に行ってしまったのです。泣きながら家に戻りました。私たちのほとんどは、夫もそうでしたが、日本が負けるとは思っていませんでした。友達が「旦那さんはいい時に亡くなったね」と言いました。日本の敗戦を知ったら自殺しかねなかった。彼はそういう性格だったのです。日本が降伏する前に死んだのは、彼にとって良かったのです。

「白人にも良い人と悪い人がいる」と改めて実感

今は満足できる生活を送れて、アメリカに感謝していますが、戦後、つらい時期が何度もありました。オハイオは〝悪魔〟のいる所でした。戦後、日系人に親切にしてくれた白人がいたのは事実ですが、その親切にも二面性があった。いずれにせよ「良い白人」もいれば「悪い白人」もいるのです。

オハイオにいる時、ＹＭＣＡがジャパンデーを催し、収益をＹＭＣＡの活動に充てようとしたことがあります。私たち日系人は、小道具の桜の木を作り、チケットを売り、食事を作り、日本舞踊を踊るように頼まれ、百人分の寿司とサラダを作ることになったのです。想像してみてください。私たちはキャンプから出てきたばかりでした。二個のスーツケースだけ持って収容所に入れられ、出る時も二個のスーツケース以外は、何も持っていなかった。それでも、ＹＭＣＡは私たちに、チケットを売り、食べ物の用意をし、日本の踊りを踊ることを求めたのです。私たちは陳列棚の商品のように扱われている、と思い、怒りで頭が一杯になり、参加を拒否しました。絶対に協力したくなかった。それで厄介なことになり、私は〝反逆者〟の汚名を着せられました。女の人がわが家にやって来て、私に罵声を浴びせました。ひどい人たち。とても嫌な思いをしました。

でも悪い人ばかりではありません。ブラックマンさんやダコン夫人のような方もいました。二人とも州立オハイオ大学の教授で、正直で誠実で、私たちにとても親切にしてくれたのです。ブロークンな英語も気にせずに話すことができ、親切にしてくれる白人はいました。英語がうまく話せなくても、私の言葉でなく、性格を見て、信頼してくれました。

長男に「大学生活が人生最高の時だった」と言われて満足

どれほど貧しくても、「長男には大学に行って欲しい」と思っていました。戦争で一時棚上げになりましたが、戦争が終わって除隊すると、自宅近くのオハイオ州立大学に入り学位を取りました。国が息子の学費を払ってくれて、命の恩人のように感じました。長男の大学進学が、私の強い希望だったからです。大学では、カルフォルニアにいる時のように「日系人だ」という理由で排斥されることもなく、他の学生たちと自由に付き合い、友達の家に行ったり、我が家に招いたりしました。彼は「大学生活は、自分の人生で最高の時だったよ」と今でも言っています。

●収容所での奉仕に感謝される

キヨ・ミヤケ

収容所を出ることになって、キヨ・ミヤケがやりがいを感じていた社会奉仕の仕事も終わりを告げたが、多くの一世たちにとって、そこを出て暮らしを始めるのも容易でなかった。

収容所が閉鎖されることになった時、私たちには、すべきことがたくさんありました。どこに行っていいのか分からない人も大勢いました。「家」と呼べるような、帰る場所がなかったのです。誰もが不安を感じていました。

帰還する日系人は、あちこちで脅され、カリフォルニア州では、一九四五年に確認されただけで、暴力行為の被害は三十六件に上った。他の多くの家長のように、キヨの夫も、家族より一足先に以前住んでいた所に戻ったが、仕事も住まいも、見つけるのに苦労した。複数の家族が一つの家に住んだり、日系人教会から臨時の住まいの提

供を受けたりした。それもできない家族は一時的に別居し、住み込みの奉公人として働き、そこを住まいにした。

夫は一人でカリフォルニアに戻りましたが、誰からも歓迎されなかった。日系人の中には農場を、いくつかの区画に分けてメキシコ人たちに貸す形で栽培者組合に管理してもらっている人もいましたが、大きな利益を得ていた組合は私たちが戻ってくるのを嫌い、「来たら撃つぞ」と脅すこともありました。実際、知り合いのキシさんが元の家に戻ったところ、窓越しに銃弾が打ち込まれました。

一世の帰還第一陣だった夫の場合も、汽車で近くの駅に着いても、家まで車に乗せてくれる人がおらず、長い間待った末に、以前私たちのところで働いていた白人のジョーが、迎えに来てくれました。「妻を乗せていれば、ミヤケも暴力を振るわれない」と判断して、奥さんも連れて来ました。そこまで考えてくれる親切な人でした。ジョー夫婦は、戦前、私たちの家に住んでいたのですが、夫が戻る前に、以前の住まいに移っていました。収容所に入れられている間に、家に置いてあった家財道具などを盗まれ人もいましたが、我が家には貴重品などなく、道具なども隣の人に貸していたので、そういう問題はありませんでした。そもそも、我が家は小さなぼろ家でしたからね。

私も家に戻りたかったのですが、まず、収容所で世話をしていた人たちの行先を見つけなければ、と考えました。関係者に下手な英語でお願いの手紙を書こうとして、いかに自分の英語力が貧弱か、いかに自分のできることに限りがあるかを思い知らされました。収容所を出る時には、とても大勢の方々が見送りに来てくれました。私自身が立っている場所さえないほどでした。これまでの人生で良いことを十分にしてきたわけではありませんが、収容所での社会奉仕の仕事は、素晴らしい経験になりました。他の人たちを助けることができてうれしかった。できることなら、収容所を出てからも、社会奉仕の仕事を続けたい、と思いました。

子供たちは収容所を出て、ＹＭＣＡの助けを借り、クリーブランドの学校に入りました。娘たちはビジネスカレッジで勉強し、長女は秘書に、次女は会計士になりました。二人ともよく出来たので、企業の人事担当は日系人に一度も会ったことがなかったのに、かなり高い給料で採用してくれました。東部に行った若者は、日系人の中でも最も優れていましたね。私自身は東部に行ったことがなかったので、「子供たちがどうやって生活しているか、一度、見てみたい」と思っていました。

私たち一世の農場ですが、先ほど申し上げた栽培者組合に管理を委託した人たちは、残して置いた農機具などを、ほとんど無くしてしまいました。あちこちの農場で使いまわされ、どこかに消えてしまったのです。私たちは「組合に入っていなくて、本当に良かった」と喜びました。組合は、管理を委ねた農場の持ち主に一銭も払わず、税金の支払いと借入金の返済をしただけで、残りを全部、自分たちの懐に入れてしまったのです。

強制退去させられて収容所に入れられた時、私たちは組合でなく、信頼できる隣人に農場を貸しました。正直でとても親切な人たちで、きちんと代金を払ってくれました。わずか二十エーカーの土地でも、年に五千ドルほどの賃料をいただきましたが、組合に管理を任せた人たちは何百エーカーという広い農場を貸したのに収入ゼロでした。

●収容所を出て自宅に戻った直後に夫が死亡

ミドリ・キムラ

カワカミさんとコグラさんが先にサンノゼに戻り、強制退去の前に住んでいた場所の状況を調べたうえで、「戻っても大丈夫ですよ」と連絡をくれました。私たちがサンノゼに到着すると、コグラさんと娘の友達が迎えてくれて、お茶をいれ、温かい料理を二皿ご馳走してくださいました。教会の評議委員会の女性たちも歓迎してくれて、どのように感謝していいか分からないほど、うれしかったです。

家に戻ると、借家人が手入れをしておらず、とても汚くなっていて、修理が必要でした。それでも帰る家があっただけ幸せだと思いました。夫が家をきれいにし、庭の木を刈り込むなど、一生懸命働いてくれましたが、収容所にいた時から心臓を悪くしており、帰って一か月半後に亡くなりました。六十二歳でした。

夫に代わって、これまで一度も働いたことのないミドリが家長になった。ミドリはその後の事を思い出すために話を一時、中断し、再び話し始めた。彼女には、明治の女性の「不屈の精神」があった。

順調だった私の人生は、夫が亡くなって変わりました。日々の暮らしをどのようにやりくりするかも分からず、人生で最もつらい時期でした。同じような環境に置かれて泣いたり悲しんだりする人もいましたが、「私には七人の子供がいる、育て終えるまで何とかしよう。いつまでも泣いているわけにはいかない。頑張って、強くならなければ」と自分に言い聞かせました。家族のすべてが私の肩に懸かっていたのですから。

強制退去の補償金も保険金もわずか、家族全員で働く

夫が残した預金は小額で、保険料を払えない人たちを援助するためにお金を使い、自分の保険料を抑えたために、死亡保険金もわずかでした。保険の補償対象額の一部が戦争のために削減されましたが、強制退去の補償として削減分を請求できることを知らなかったから、受け取った補償金も少しでした。夫が代理店業務をしていた保険会社は、私たちが家に戻ってから六か月間は報酬を払いましたが、社会保障給付金はゼロでした。

幸いなことに、大学で社会福祉事業を学んでいた娘が、収容所を管理する戦時転住局に職を得、他の子供たちも、自力で学校を卒業するためにアルバイトを始めました。

私も日本で家政婦といわれる仕事を始めました。そのような仕事をこれまでしたことはありませんでした。フルタイムで働くと、長い間、家を空けることになり、それでは子供たちが、かわいそうです。ですから、一日に四時間という労働時間はとても好都合でした。隣に住んでいる叔父夫婦が、学校から帰った子供たちの面倒をみてくれました。当時一番下の子はまだ八歳でした。家政婦として働くのはとてもたいへんでしたが、雇い主に気に入られるように一生懸命に努力したので、解雇されたことは一度もなかったです。嫌なことはたくさんありましたけれど、我慢しました。勤務時間が限られているのに、「あれをやって」「これをやって」と、次々に用を言いつける雇い主もいました。時々、車の中で

泣きました。自宅では子供がいるので泣くことはできません。でも、外での労働や色々な経験のある雇い主は、私に同情してくれて、親切でした。

セロリの梱包場で働いたこともありました。とてもつらい作業で、両手がずきずきと痛むこともあり、友達から「あなたは楽な生活をしてきたから、今になって〝お返し〟をされているのよ」とよく言われました。でも、そのようには考えず、耐えるべきものとして受け入れました。いくら不満を言っても役には立たない。「シカタガナイ」状況でした。私に与えられた運命としてつらさを受け入れたのです。

運命を受け入れ順応していくためには、厳しく、つらい仕事に、全精力を注ぎ込むことが要求されたが、それが生きていくための建設的な力となり、たくましく前進することを可能にした。子供たちも、そうした母の頑張りや粘り強さに倣い、自力で自分の生きる道を切り開いていった。大学に進学する費用を十分に貯めるために、母のように単調で肉体的につらい仕事をした。

子供たち全員、自分で稼いで大学を卒業、私は今も働く

子供たちは全員、苦労して大学を卒業しました。ここが日本でなく、アメリカだったか

らこそ、可能でした。懸命に働き、「大学に行く」という目標を見失わなかったので、希望はかなえられたのです。どの子も大学に進学したい、と頑張ったのが、とてもうれしかった。息子の一人はプルーン摘みの仕事をしましたが、「あれは人間のする仕事じゃないよ」とよく言っていました。木の下をはいずってプルーンを摘むというのは、骨の折れる労働でした。もう一人の息子は缶詰工場、他の子供たちは西洋ナシ摘みをして、皆、大学を卒業しました。

これまでの人生は大変な事が多かったのですが、不安を感じたり、不満を言ったりする暇はありませんでした。信仰を持つことでとても助けられましたが、物事をどう解釈するかも重要ですね。労働を「神聖なもの」と考えれば、人はどんな仕事にも耐えられるはずです。私は今でも働いています。

●西海岸に戻り家政婦、仕出しの仕事に満足

シズ・ハヤカワ

収容所に二年間いた後、西海岸に帰りました。収容所で読んだ新聞は、戦死者の名前で

一杯で、帰るのが恐ろしかったのだけれど、実際に戻ってみると、心配していたような事はあまり起きませんでした。イギリス人夫婦の家で働き始めました。奥さんが病気で寝ておられ、介護する人が必要だったのです。

最初のころは買い物にマーケットに行くのがちょっと嫌でした。自分に何が起きるかわかりませんでしたから。でも、勇気を振り絞ってバスでダウンタウンのマーケットまで行き、何も起きなかったので、それから頻繁に外出するようになりました。周りの人は、私を中国人と思ったのかもしれません。夫は「日本人の男が外出したら、もっと危険かもしれない。女なら、ずっと安全だろう」と言いました。

雇い主の妹さんがカリフォルニア州のアサートンに住んでいて、ちょっとした仕事をする人を探していました。それで夫が出かけていきました。一方で私の雇い主のご主人が病気になり、亡くなるまで二年間、その家に住み込んで麻痺したご主人の介護をしました。ご主人が亡くなられると、奥さんから「自分が死んだら財産を全部あげるから、このまま居て」と、泣いて懇願されました。いつまでも奴隷のように働かされるのが嫌で他に移ろうと考えていたので、「辞めさせてください」とお願いすると、ほとんど言い争いになりました。今でも彼女から電話があり、「戻ってきてくれませんか」と言われるのですが、「ノー」と答えています。

次の雇い主は、前にもお話ししたキムラさんでした。戦前に白人の女性と結婚し、仕出しサービスをしていた、と申し上げましたね。私はこの仕事で、楽しいパーティに行くこともあり、とても面白かった。白人がパーティ好きなのを知って、日本人が一人でこのようなビジネスのアイデアを思いつくなんて素晴らしいと思いませんか。この地域にもいくらか反日感情があったのですが、彼がそれにひるまず、このビジネスを始めたことを「素晴らしい」と思いました。

キムラさんの仕出しサービスはとてもうまくいき、私も十年前に夫が亡くなるまで、忙しく働き続けました。これまで長い間働いてきましたが、今でも働いています。今（インタビュー当時）七十五歳です。

●収容所から出た直後はデンバーの農場で働いたが

イヨ・ツツイ

年長の息子二人は先に収容所を出て、シカゴに住みました。それで、夫と高校生の息子、私の三人で彼らの様子を見にシカゴに出かけ、元気でやっているのを確かめて、収容所に戻りました。出所準備は終戦のかなり前から始めており、シカゴから戻って一か月後にコロラド州に移りました。デンバーの近くの農場で一年半働き、トマトやタマネギ、豆を作りました。

長女のキヨコは、開戦前に日本から戻り、結婚してロサンゼルスに住み、そこからマンザナー収容所に収容されました。そこで一人目を生んですぐに二人目を身ごもったのですが、一月十八日のこと、コロラドの私たちのところに、電報で「男子出産、キヨコ死亡」の知らせが来ました。私は若い時に息子を川で亡くし、そして今度は娘を一人亡くしてしまい、健在なのは息子二人と娘二人になったのです。

不吉な夢が現実に、注射薬の間違いから長女が死亡

キヨコが死ぬ一週間前に夢を見ました。両側に谷と高い山々があり、私は、カリフォルニア州のリッチモンドに住むもう一人の娘、フサコと砂利道を歩いていました。橋のところで小さな男の子が遊んでいて、川の向こう側に棺が置いてあった。「最近、誰か死んだのかしら」と不思議に思って、そこまで行って中を見ると、キヨコがとても穏やかな顔で眠っていました。「あらまあ、他にも寝る場所があるでしょうに。こんなお棺の中で寝なくてもいいのに」と思い、起こそうとしましたが、止めました。キヨコから来た手紙に「と

ても疲れています」と書いてあったのを、思い出したからです。おなかの赤ちゃんはとても大きく、出産予定日が迫っていました。あいにく夫の母親の具合がとても悪く、キヨコは彼女のために三度の食事を運んだり、日曜学校で教えたりと忙しくしていました。そのことが頭にあったので、夢の中で娘を眠ったままにしておいたのでした。

翌朝、私が「ゆうべ、すごく変な夢を見たのよ。キヨコがお棺の中で寝ていたの。本当に死んでいなければいいんだけれど」とフサコにその話をすると、「ママ、いつか言ってたでしょ。誰かが死ぬ夢を見たら、その人は長生きするって」と慰めてくれたので、「そのとおりだね」と自分を納得させていたのですが、そうはならなかったのです。

キヨコの遺体が置かれているマンザナー収容所に行く許可をもらって、そこに着いて本当に驚きました。収容所が高い山々に囲まれた谷にあったのです。私が夢で見た、そのままの風景でした。バスを降りると、夢で見た砂利道があり、橋もあった。夢の中と全く同じ。お葬式の時、娘を納めた棺は、夢で出てきたのと同じ色、白っぽい模様のある深緑に塗られていました。ショックでした。

娘の夫が、生まれたばかりの赤ん坊の世話をする部屋に連れて行ってくれました。彼によると、白人の看護婦が「赤ちゃんが産声をあげた時、奥さんが息を引き取ったのですよ」と説明したそうです。この男の子がキヨコの命を引き継いで、この世に生を受けたのです。その子がいてくれることが、私たちの慰めになりました。

でも、どうしてこのような事になったのか。原因は注射薬の誤まりです。マンザナー収容所には、日系の若い女性が大勢いて、そのうちの二人が看護師をしていました。一人の看護師が医師から「キヨコに意識回復の注射をするように」と指示を受け、注射をしたが効き目がなく、使った薬を医師に見せたところ、「君は大変なミスをしたぞ。薬が違っているじゃないか」と注意された。看護師は「それは先生の言われた薬ですよ」と反論したそうですが、娘が生き返るわけではなく、無駄な言い合いでした。娘が亡くなった日は病院がとても混んでいましたが、医師が指示したはずの同じ薬を注射された別の妊婦は、母子ともに元気でした。娘は間違って、「犬猫用」の薬を注射されたことが後で分かりました。

本当につらく悲しいできごとでした。キヨコはアメリカ市民なので、医者を訴えることもできましたが、訴訟に勝ったところで、死んだ娘は戻ってきません。それに、すでに夢を通じて神さまからのメッセージを受け取っていました。「訴えても死んだ娘のためにならない」ということです。重荷に耐えなければならないのです。人間の運命なのです。私たちにできるのは、「アキラメル（運命を受け入れる）」ことだけなのです。

シカゴに移ったあと、カリフォルニアで農業を再開

明治の女性持ち前の決意と決断がイヨに底力を発揮させ、前へと歩ませた。この時期、イヨは体調を崩していたが、「クロウ」は一世のパイオニアである彼女をたくましくした。労働に追われる日々や二人の子供を失った悲しみにも屈しなかった。

そのころ、私は更年期障害で、ホルモン注射を打っていました。デンバーに行き、アパート暮らしを始めたら体の調子が良くなってきたけれど、農場の仕事には戻りたくありませんでした。同じことの繰り返しは嫌だったのです。夫がデンバーに来てくれたので、一緒にデンバーの小児病院で働くことになりました。そうこうするうちにシカゴの娘に子供が生まれたので、私は孫の世話も兼ねて、シカゴに行き、プラスチック工場で二年間働きました。

二人の息子は、徴兵され、一人はイタリア、一人はドイツの戦場に行きましたが、二人とも無事に帰ってきてくれました。「カリフォルニアで農業をすることに決めた」と言うので、私も手伝いたいと思いましたが、夫は西海岸に戻りたがりませんでした。シカゴが気に入っていたのですが、「自分を犠牲にしても、子供たちを助けるべきです」と説得し、私たち夫婦と息子たちでカリフォルニアに戻ることになったのです。

ベニスアイランドに千エーカーの土地を借りて、トウモロコシと大麦を作り始めましたが、夫がストックトン地区の元の家に戻ると、強制退去前に管理を委託していた農場を自分で管理しなければならなくなりました。強制退去の時に残していった大型の農機具、農耕用トラクターの円盤型鋤《すき》など、すべて無くなっていたので、政府に損害賠償を請求しました。

真面目すぎる夫が、賠償請求の一覧表に「鍬五セント」などと書いたので、「今はお店で五セントじゃ買えないわ。少なくとも二ドルにすべきよ」と書き直すように言いましたが、「ママ、前と同じように中古の鍬を買うつもりだろう、二ドルも出して中古品を買うつもりなのかい」と言う事を聴こうとしません。それで「いいこと。新しい鍬を買おうとすれば、少なくともそれくらいの値段はしますよ」と説得を試みましたが、夫は「五セントだ」と言い張りました。ほとんど馬鹿としか言いようがない。結局、賠償として受け取ったのは全部でたったの三百五十ドルでした。正直なのはいいことですが、夫のやり方は度を越していましたね。私は女だから、それ以上はどうすることもできず、農機具を新しくそろえるのに、かなりのお金を注ぎ込まねばなりませんでした。

盗まれた農機具を少しでも取り返そうと、最初に農場を貸した中国人を見つけ出し、「農機具はどうしたのか」と問いただすと、「農場を出る時にすべて置いてきた」と言い、彼がまた貸ししたイタリア人は「中国人から引き継いだ時には、農機具は何も残っていなかった」と取り付く島もない。盗まれ損でした。

ようやく、念願のアメリカの市民権を取った

戦時中にアメリカ政府から苦難を強いられたにもかかわらず、日系一世たちは「アメリカ市民になりたい」という思いを捨てなかったが、一九五二年に特別な法案が可決されるまでの間、帰化申請の資格を与えられず、アメリカで暮すための法律上の権利がほとんど認められない状態に置かれ続けた。

一九五〇年代になってようやく、私たち一世にアメリカの市民権が認められるようになりました。初めのうちは市民権取得のための講義を英語で受けましたが、取得試験をグループで受ける場合は日本語で受験できる、ということを知り、日本語のクラスに入り直しました。ずっと以前から、アメリカに骨を埋める覚悟をしていました。ですから、市民権が本当に欲しかったのです。

●日本に戻り鉱山経営やレストランを始めた

オナツ・アキヤマ

アメリカ政府が収容所の閉鎖を発表すると、オナツと夫は大部分の一世とは違う道を選んだ。アキヤマ家の人々は戦後、アメリカから日本に戻った一六五九人に含まれていた。

八月十五日に戦争が終わって、私たちは日本に帰ることにしました。戦時中、日本の母や帰国していた息子の様子を知ることができず、帰って安否を確かめたい、と思ったのです。帰国を申請し、必要な書類をそろえていると、一人の白人が私たちの家に来て、部屋に入るなり用心深くドアに鍵をかけて、言いました。「皆さんは帰国を申請したが、変更が可能だ。首を横に振りさえすればいい」。首を横に振ることは、家族全員が申請を取り下げて、アメリカに残る、という意思表示です。私たちは提案を受け入れませんでした。

他の日系人は政治的な理由から帰国したが、オナツの場合は、日本にいた息子の幸せを気にかけてのことだった。息子はアメリカの両親を心配してはいたが、日本の軍隊で教練を受けていたこともあり、戦時中は両親の元に戻ることができなかった。

日本に戻って、息子から聞いた話では、クラスの先生が「軍隊に志願しようとしている者は何人いるか」と聞き、大勢の学生が手を挙げましたが、息子もその一人でした。アメリカ生まれ、ということを知っている級友の「どうして日本の軍隊に入りたいのか」との問いに、「飛行機でアメリカに行って、まず両親を助けるんだ」と答えたそうです。その言葉通り、パイロットを志願しましたが、ちょうど日本が降伏した日に訓練を終えた、ということでした。

私が是非とも帰国したい、と思った理由はまず、息子の安否を確かめたかったことですが、フローリンの自宅が全焼して、アメリカに帰る家がなかったこともありました。帰国の時は、収容所からシアトルまで汽車で移動させられ、監視人がつきました。汽車の窓はブラインドが下ろされ、外を見ることはできません。サクラメントあたりで外を見ようとしたのですが、監視人から「駄目だ」と言われ、汽車から外に出て運動できたのは、「塩の平原」を通った時だけ。戦争が終わっていたのに、特に町を通過する時は、外を見ることが禁じられました。

日本に帰国する人は千人以上いましたが、私たちは日本の敗戦を信じることができず、天皇が降伏を宣言されたと聞いても、信じられませんでした。

日本文化に強い誇りをもっていたオナツたちにとって、日本が面目を失うことは、自分が面目を失うことと同じ。面目を失うのを避ける唯一の方法は、戦争に負けたことを否定することだったが、オナツは日本に政治的な忠誠心をもつ人々を批判することも弁護することもしなかった。日本に戻ったのは、日本にいる家族の安否を気遣ってのことだった、と彼女は繰り返した。

上陸した日本の惨状に衝撃、息子は生きていた

日本にずっといるつもりはありませんでしたが、アメリカに留まっていた日系人たちは、日本に戻った私たちを「アメリカに対する忠誠心を欠いた連中」と決めつけました。アメリカに戻ってくるのはおかしい、とも言われましたが、こんな人たちは無視しました。アメリカを十二月中ごろに発ち、浦賀港に着いたのは、確かその月の二十四日と記憶しています。日本に着いた時のショックは、言葉では表わせません。日本人たちが湾に浮かんでいるビニール袋を集めていました。袋にはアメリカ兵が捨てた食べ残しが一杯入ってて

いました。それを見て、ようやく、日本が戦争に負けたことを実感したのです。その夜は眠ることができませんでした。

翌日、同じ船で日本に戻った友達の顔をつくづく眺めました。顔つきがすっかり変わって、日本の惨状を目の当たりにする前とは、見分けがつかないほどでした。皆、生きる希望を無くしたようでした。変わり果てた日本の人々や風景を目の当たりにして、夫や私の子供たちさえも、「自殺したい」と思ったほどです。

しばらくして落ち着きを取り戻すと、私たちは日本で何から始めるか話し合いました。夫は、両親と次男の安否を確かめるために日本に来たことを思い出しました。それが果たすべき責任だと悟って、彼は沈んだ気持ちを切り替えました。

その前に、さらに気持ちを落ち込ませるようなことが起きていました。私たちは帰国直前に日本で必要と思われるものは何でも買い、許される限度いっぱいのお金を持ってきました。船の中で、ある白人が「現金を持っているなら、預かってあげましょう。盗まれるといけませんから」と言うので、うかつにも、どんな人なのか調べずに信頼して現金を預けてしまい、浦賀に着くと、男はその現金を持って消えてしまったのです。

でも、「家族の幸せは、皆が健康で安全なことだ」と考え、気を取り直しました。夫も「子供たちは、大きく、健康で良い人間に育った。感謝すべきじゃないか。お金のことは損した、と思わないでおこう」と言い、家族が元気なら残酷な仕打ちに遭っても耐えることができる、と思いました。

上陸すると、やっとの思いで駅まで行きました。どこもかしこも人混みで、たいへんな混乱。プラットホームも、ものすごく混雑していましたが、辛うじて汽車に乗れました。壊れた窓から、はうようにして乗り込もうとする人もいました。生きる希望を失って、病人のようにうろうろ歩き回る人もいました。そのような惨状を目の当たりにしながら、私たちは故郷に着いたのでした。

日本に残って軍隊に入っていた息子は、私の母のところに戻っていました。村の近くの駅に着くと、息子が迎えに来てくれたのです。家から駅まではほんの五百メートルほどでした。今でも、出迎えてくれた息子がこちらに歩いてくる様子が目に浮かびます。

まず食事に苦労、皆、物乞い同然のありさま

食事には苦労しました。浦賀に着いた時に食べることができたのは、麦飯のおにぎりとダイコンだけでした。そのつらい思い出があって、子供たちは今でもダイコンを食べられません。食べ物を買うために、売れるものは何でも売ってお金にしましたが、肝心の食べ物が店に置いていないことが時々ありました。オカユや、カボチャ、小麦粉、ジャガイモ

を料理して食べました。息子たちは若く、体力も絶頂期のはずでしたが、重い物を持ち上げることができなかった。力がまったく無くなっていたのです。物乞い同然の有り様でした。

夫は戦争前は食堂を開き、収容所では料理をしていたので、アメリカから戻った皆に知られており、仕事を世話してくれないか、と大勢の人から頼まれました。でも、私たちさえ、満足な仕事が無くて困っていたのです。他人の世話など、とてもできませんでした。

親戚中から借金して石炭試掘、一週間で掘り当てたが

船の中でお金をほとんど盗まれてしまったので、いつまでも働かずにいるわけにはいきません。親戚中から借金して石炭鉱山を手に入れ、夫と私、そして息子の三人で採掘をしよう、ということになりました。鉱山の元の持ち主がかなり採掘してしまっていたのですが、運が良いことに、探鉱を始めて一週間で新たな鉱脈を掘り当てました。

物事に積極的に取り組む才能を日本で発揮できずにいたオナツは、アメリカに渡って、ビジネスに対する鋭い洞察力を身に着けた。アメリカの自由な社会風土の中で、彼女は才能を育てた。日本に戻って、敗戦直後の支配構造の激変や混乱に巧みに乗る

形でその能力を活かし、戦前の日本であれば男性のみに許された事業家の役割を担うことになった。

初めの一週間は、鉱山の現場から三時間かけて親戚や銀行へ資金調達に出かけました。銀行の融資担当者は、私が執拗に頼み込むのに動かされて、開業資金として五十万円貸してくれることになりましたが、連帯保証人が必要でした。地方銀行の管理職をしている人の義理の両親がたまたま遠い親戚だったので、彼を説得して、連帯保証人になってもらいました。融資担当者から「どのような形でお貸ししますか」と聞かれ、「現金でお願いします」と答えると、びっくりして「とても勇気のある方ですね」と感心されました。お金が調達でき、仕事はとてもうまく進みました。鉱山での掘削に必要な土台も、しっかりと建設し、石炭を運ぶ道路も引きました。炭鉱夫は小さなグループから始めましたが、四十七人まで増やしました。

でも、炭鉱で働く男たちは荒っぽくて、人数が増えるに従って扱いが難しくなりました。炭鉱夫同士の争いも時々起きました。ある時、一人の女性をめぐって二人の男が殴り合い、一方が相手の喉を切りつけました。血がどっと吹き出たのを見て、本当に恐ろしかった。また、彼らは手当たり次第、何でも盗みました。他人の奥さんさえも。そして盗んでから逃亡するのです。そのような男たちは、鉱山から鉱山へと渡っていくので、「トリ」と呼ばれていました。あちこち飛び回る、と言う意味ですね。

そんなある日、炭鉱夫の一人が「お金を少し貸してくれ」と頼みに来ました。お金を貸せば、すぐどこかに行ってしまうのは分かっています。夫が「銀行に行かないから、手元に金はない」と断ると、「なんだと。金を貸せないだと。すぐ外へ出ろ」とすごみました。夫にけんかを吹っかけようとしたのです。

鉱山を手放し、屋久島でタングステンに挑戦

炭鉱夫たちをめぐる状況が険悪さを増していったある日、夫が言いました。「炭鉱経営は普通の人にはできないな。止めよう。政府に炭鉱をただで渡しても構わない。誰が引き継ごうが、国に損はない。地下から石炭を掘り出すだけだからな」。夫は炭鉱を政府に引き渡し、急須一個とどんぶり三個を持って家に帰ってきました。夫はそういう人でした。

他の人たちが、どうやったら土地や家、会社などを手に入れられるか、という話をするのを聞きながら、「喜びを感じられるものが、他にあるのだ」と自分に言い聞かせました。私たちは一度として、モノをたくさん貯めたことがありません。夫がモノに執着しなかったからですが、私たちはいつも、何らかの形で報われてきました。私がとても健康なこと

もその一つです。「因果応報」（訳注・もともとは仏教の言葉。行為の善悪に応じて、その報いがあること）ですね。

石炭鉱山を政府に渡した後、屋久島でタングステンの採掘に挑戦しましたが、またしても失敗です。タングステンの含有量が少なかったのです。騙されたのかもしれません。採掘の条件も悪くて、現場は里から数マイルの山の上にあり、途中で大きな滝を迂回しなければならず、毎日通うのにとても時間がかかりました。土地の人々は、つるで編んだはしごを使って難所を越して行きましたが、それが出来ない私たちは、道なき道を歩き続けるほか、ありませんでした。疲れて帰ってきて、私たちも入れて十四人の食事の用意をしましたが、野菜や穀物が現地では手に入らず苦労しました。地元の人はサツマイモや魚が常食で、お米を食べる余裕のある島民は限られており、毎日お米が食べられるだけでも、ありがたいことではありました。

それでも、不満はなかった。少なくとも色々な所へ行けましたし。屋久島を出る時、持っていた三枚のキルト、時計、アメリカ製のあらゆるものを置いてきました。

探鉱失敗で食堂を開業、そば屋が成功し借金は完済

探鉱に失敗して夫の故郷に戻り、それから私の故郷に行って、六百万円を借りてレスト

ランを開きました。レストランは「ママ食堂」と言い、今でも営業しています。

商売を始める時、あちこちから資金を集めるのがたいへんでした。私が初めてアメリカに渡る時、父は裏庭に一本の広葉樹を植え、見るのを楽しみにしていました。「木が伸び続けているのは、オナツが元気でうまくやっている証しだ」とよく言っていたようです。父が亡くなり、私たちは、この木を切って百束のまきにして、甥と分け、私たちの分は食堂での調理用の燃料に使いました。

食堂が軌道に乗ると、バスの停留所そばの交差点で、おそば屋を始めました。開店五日目に、近くの五つの村合同のお祭りが始まり、五日間続くという幸運に恵まれ、その後も繁盛して、アメリカに戻るころにはかなりの資産ができました。戻る時に、店を日本の弟に譲りました。アメリカに戻ってから、義理の妹が手紙で「店を拡張しました。ご夫婦のすぐれた先見性は素晴らしいですね」と書いてきました。店は家族経営から、二十以上の店舗を持つレストラン・チェーンに発展していますが、私たち夫婦が経営したのは当初の六年間。借金は完済しましたが、手元に利益は何も残らず、です。

日本に十三年居てアメリカに戻ろうとしたが

結局、日本には十三年いて、アメリカに戻りました。最初に戻ったのは三男のリョウゾウで、次に私たち夫婦と次男。長男は私たちの一年後、でした。息子たちはアメリカの市民権を持っていたので、帰国は容易でした。リョウゾウは日本にいる間、解脱会（訳注・日本の新興宗教団体の一つ）に通っていました。お祈りをしながら仏像の周りを百回まわると願いがかなう、ということで、毎日、二百回まわってお祈りをし、アメリカに帰る願いがかなえられました。私たちが食堂を開く前に帰国し、しばらく学校に通ってから軍隊に入隊して、給料から毎月二万円を送金してきました。私たちが帰国する時にも、「これでアメリカまでの乗船券を買ってください」とお金を送ってくれました。

私たち夫婦のアメリカへの帰国は、日本政府から永住許可が出ていたので、少々てこずり、何度も神戸にあるアメリカ領事館に出かけて、担当者と相談しなければなりませんでした。当時、私たちは広島県の福山市に住んでおり、神戸の領事館まで二時間。行く度に宿屋に一泊しなければならず、出費もかさみましたが、そのかいあって、間もなく帰国のめどが立ちました。お正月に、食堂を閉めて映画を見ている時に呼び出しがあり、「東京から電話で『二月にアメリカに帰れるだろう』という連絡があった」と教えられたのです。でも、実際に私たちが日本を発ったのは、それより四か月遅れの、一九五九年の六月二十日でした。

アメリカに着いたら、今度は滞在許可に手間取った

やっとアメリカに帰る船に乗った時、「あなた方は、二度と日本には戻ってこられないはずだ」と他の乗船客から言われました。そのような扱いを受けることは何もしていないのに、おかしな話だ、と思いましたが、そのおかしな話が、現実になったのです。ハワイに着くと、出入国審査官から「あなた方家族が帰国を認められるのはおかしな話だ」と言われ、サンフランシスコでは出入国審査官から「あなた方の帰国が認められることは無いことになっている」という説明を受けたうえ、「一週間以内に事情聴取をするので、それまでサンフランシスコにいるように」と指示されたのです。事情聴取は通訳を使って四時間に及び、すべて録音されました。夫と私のそれぞれに質問があり、夫の返事を私が助けようとすると、「口出しをしないように」と制止されました。私たちと一緒の三男は、審査官から「通訳者は正しく通訳していたか」と聞かれたので、「正確ではありません」と答えたそうですが、ともかく、忍耐強い対応の末に、私たちは滞在許可をもらいました。

元の家に落ち着くと、「強制収容の時に没収された財産の返還を求める請願書を出そう」と考えました。必要書類をそろえ、同様の案件を三年間、扱っているヘンリー・タケタ弁護士のところに夫婦で持って行きましたが、「法的にできることは何もありません」と言われ、それで日系アメリカ人市民同盟サクラメント支部のリーダー、ミヤモトさんのところ

に相談に行ったのです。彼は「私はお助けできないが、このような問題が公けになり、特別な訴訟が起こされれば、あなた方の財産を多少は取り戻せるかもしれませんよ」と言ってくれましたが、結局、事態は動かず、準備した書類も出さずじまいでした。アメリカ政府が私たちの財産を没収したのは、私たちが日本に戻ったからなのでしょう。

日本で脳卒中になった夫も、息子たちと暮らせた

でも、アメリカ政府が私たちの帰米を認めてくれたのは、とても幸運でした。夫は、日本にいる間に軽い脳卒中になり、筋肉がうまく動かず、働けなくなっていました。アメリカに戻り、息子たちのそばに居られるようになって、ほっとしたに違いありません。帰国から三年たって亡くなりました。

＊＊＊＊＊＊＊＊＊＊＊＊＊＊　　＊＊＊＊＊＊＊＊＊＊＊＊＊

戦争が続いている間に、多くの一世の女性が家族全員の責任を負うことになった。夫が連行されたり、病気になったり、亡くなったりしたからだ。日系人家族は、日米の戦争で強まった自分たちへの敵意と偏見の中で、住み慣れた場所から強制的に追い出され、長年、苦労して積み上げてきた資産や経済的な安定をすべて奪い取られた。

そして戦争が終わり、収容所を出て、老いつつある体で、生活を立て直さなければならなくなった。彼女たち一世の女性の責任は増すばかりだった。実際のところ、彼女たちは、好むと好まざるとにかかわらず、再び日系人社会の「パイオニア」とならざるを得なかったのだ。

多くの女性は「明治の女性の強さ」に加えて、アメリカに移住した後、「主体性」と「積極性」を身につけた。自分自身の意見を表明し、新しい技術を理解し、発展させることに自信を持つようになった。「家族が危機に遭っても生き抜いていく能力」を疑うことを断じて拒否することで、彼女たちの生活再建は特徴づけられていた。

第5章

半生を振り返って

●親への思いやりを娘に、教会と地域社会に私の役割

ヒサヨ・ハナト

一世のヒサヨにとって、親に対する思いやりはとても重要だった。彼女がアメリカに来たのは、こちらに居た病気の兄を気遣う母の気持ちを軽くするためだったが、そのような彼女の思いやりは渡米二世の娘に伝えられ、今度はヒサヨが受ける番になったようだ。

カリフォルニア州ロングビーチのパシフィック・アベニューの自宅を売って、今の家を買いました。娘の家の近くだからでした。嫌なことはすべて忘れてしまう、というのはおかしいですね。うれしくて楽しい出来事だけを覚えているようです。孫が八人いますが、皆、正直で良い子なのを感謝したい。若い人には忍耐が欠けている、と思うことが時々ありますが、欠点ばかりじゃない。私に無い知識を持っています。

―ヒサヨは自分の半世紀の物語を、明治の心構えを再現するような人生哲学の実例を示すことで、締めくくった。

何年も前のことですが、シカゴの公園を歩いていて、まず、大きな木に目が止まり、次に小さな木、それから芝生、最後に草も目に入りました。「これが、調和の取れた自然な姿だ」と思いました。私たちには本質的に、この公園の様々な植物のように、どれも必要なのですね。私は重要人物ではないかも知れませんが、教会と地域社会で一定の役割を持っているし、小さな役割を果たす機会を与えられていることを、ありがたく思っています。

●「表裏」無いアメリカで、苦労も報われた

セツ・ヨシハシ

―セツは、このインタビューを受けている時、あまり体調が良くなかったが、「日本だったら潰されてしまったかも知れない率直な性格」を伸ばすことのできたアメリカへの感謝を次のように語った。

私はアメリカが好きです。表裏のある社会は嫌なのです。アメリカの社会は表裏がなく、率直で、誠実に平等に生きることができます。家の清掃をしたり、食料雑貨店や洗濯屋で働いたり、どんな仕事をしても、物笑いの種にされたり、見下されることはありません。私を家政婦として雇っていたクレーマー夫人でさえ、私の肩をたたいて、「良くできているわ」と勇気づけてくれました。誰もが、相手に「自分は馬鹿だ」と思わせるようなことをしないのです。家政婦の仕事が半日だった時、子供たちをクレーマー家に連れて行くと、夫人が裏庭の芝生で遊ばせてくれました。私は家の中で仕事をし、お手当をいただきました。「アメリカはなんて素晴らしい国なんだろう」とつくづく思いましたね。

戦争が始まった時、クレーマー夫人の所に行くと、「あなたが戦争を始めたのではないから、心配することはありません。落ち着いて仕事をしてください。私の家に貴重品を持ってきなさい。預かりますよ」と言ってくれました。百万長者の奥さまが私を励まし、優しい言葉をかけてくれたのです。日本だったら、こんな事は絶対に起きないでしょうね。

このような経験すべてから、アメリカがどれほど民主的かを、実感したのです。日本では、私も、女中や召使い頭を見下していました。こちらに来て、色々な仕事をせざるを得なくなって、召使いとして働くことの痛みやつらさを、初めて心から理解できました。当時の一週間の稼ぎはわずか十五ドル。私と子供たち五人が一部屋で暮らしました。私が経験したのは「クロウ」。耐え難い苦難の、本当の痛みでした。日本にいた時は、それがどのようなものか、まったく知らなかったのです。

自分自身を「とても思い上がった俗物」と認識するまでに、十八年かかりました。一流の軍人の家で育てられたことを鼻にかけていたのです。叔父夫婦が「私たちは一流だ」と言うので、それをすっかり信じてしまいました。車が欲しければ、運転手付きの車が手に入ったのです。

禅を勉強するまで、どのような価値観も持っていませんでした。禅の教本は、まず手を胸に置き、自分のうぬぼれた心について思い巡らし、「お前には人間としての価値があるのか」と自問するように教えています。そうすることで、針で突かれたように感じ、自分の欠点を告白するようになるのです。私がそのような境地になるまで十八年かかりました。それで、自分に降りかかった問題や困難の原因が、私自身のうぬぼれ、俗物根性にあることが、はっきり分かったのです。三十八歳の時でした。うぬぼれほど、悪いものはありませんね。

今、これまでの苦労が報われているのだと思います。長男はとてもよく面倒をみてくれます。「母さんは本当に良く働いてきたよ」。私のために何でもしてくれますよ。

セツは、子供たちに「親孝行」という価値観をうまく伝えることができたと、明治の女性らしい満足感をもって語った。セツの人生の目的は、子供を教育し、愛のある、助け合う家庭を彼らに与えること。それは彼女の子供時代に欠けていたものだった。自分の一生の成果を子供たちの成功や献身を通して表現する、という彼女の生き方は、「現代的」と言えないだろうが、彼女の判断基準で人生を評価すれば、明らかに目的を達成したことになるのだ。セツはそうした機会をくれたアメリカの自由社会に感謝し、賞賛の言葉を述べた。彼女の人生の主題は「生き残ること」だけではない。「成功すること」も欠かすことができないのだ。

●穏やかな暮し、でも時代の変化を受け入れるのは…

コー・ハジ

コー・ハジの晩年は穏やかで満足できるものだった。子供や孫の成功をわが事のように喜び、孫娘に時々会うのが楽しみ。その一方で、長生きすることの深い寂しさについても語った。

孫は一人だけ。娘は白人と結婚しました。夫が弁護士なので彼女も法律の勉強をしています。娘夫婦が来た時、彼から「何か日本の物を記念品としていただけないでしょうか」とお願いされました。二人とも日本の伝統に関心があり、彼は日系三世と結婚したことを誇りに思っているようでした。一世として寂しい気もしますが、時代がすっかり変わってしまい、理解するのがたいへんです。それでも変化は受け入れざるを得ませんね。

●多人種社会の中で、日本の良さを守って

ミドリ・キムラ

孫は四人います。昔かたぎ、と言われるかも知れませんが、孫たちに日本の作法を学んで欲しいと思います。日本人にとって、とても大事なことですから。お年寄りを大切にすることも、学んで欲しいですね。アメリカでは、叔父も叔母もファーストネームで呼び、まるで友達扱いです。親しみを感じる、という点では良いかも知れないけれど、私は賛成できません。お年寄り対しては、尊敬の念を持つことが必要です。

孫たちはアメリカ人ですが、若い世代の人たちは、日本の遺産である良いものを身に着

け、活用すべきです。日系アメリカ人が自分たちだけで集まり過ぎると、色々な問題が起きるし、まずアメリカ人として生きることが必要ですが、日本の良い伝統を忘れてもらいたくない。とても重要なことです。

ミドリがこのように断言するのは、自分自身が一番難しい時期を耐え、歩み続けられたのは日本人の特質による、ということを直感しているからだ。そして、偏見を持たれる被害者の側からの体験から、彼女は次のことを理解できるようになったのだ。

アメリカで暮すためには、あらゆる人種と互いにうまくやっていくことを学ぶ必要があります。日系三世の中には、とても排他的に見える人たちがいます。自分たちの集まりに他の人を近づけようとしない。例えば、黒人を排除します。隣にメキシコ系アメリカ人のチカーノ一家が住んでいます。娘が、皆、分け隔てなく暮らす必要があることを思い出させてくれたので、私も彼らに偏見を持たないように努力しています。偏見を一掃できれば、私たちは平和に暮せるのです。

孫娘の一人が、人種の違う人と結婚しています。相手の先祖は中国人。穏やかな性格ですが、健康面で気になることがあって結婚に反対しようとすると、娘夫婦から「お母さんは彼に偏見を持っている」と注意されました。彼が活力があるように見えなかったので心配したのですが、お互いに愛し合っているのなら、他人があれこれ口を出せませんね。私の子供たちについて言えば、長女は日本人の素晴らしい男性と結婚しました。長い間独身を続けていた息子の一人は最近、白人の女性と結婚しました。とても素晴らしい女性です。
それより何より、子供たちが全員、大学を卒業してくれたのがうれしいですね。親としての務めは果たしたと思っています。今（インタビュー当時）、七十七歳です。周りの人から「まだ働いているの」とよく聞かれますが、「天からお金は降って来ませんから」と答えることにしています。働いている限り、子供たちにも、他の人にも頼らなくて済みます。「私にください、私にください」と言って、国の生活保護を受ける人がいますが、私はそうなりたくありません。働くのは良いことです。健康である限り、仕事を続けたい。

一世の女性たちのインタビューに登場する人々の中で、ミドリは、おそらく常人には最も理解し難い人物かも知れない。アメリカに来て、十四歳も年上の夫と連れ添い、人生の後半にその夫が七人の子供を残して亡くなるまでは、他の一世の女性たちに比べて、かなり快適な暮らしを送ることができた。夫の死後、暮らしが一変し、子供たちを自力で育てねばならなくなった。だが、明治の日本で培った力を尽くして働

き、生き続け、子供たちをしっかりと教育する、という強い信念を失うことは、決してなかった。自分の運命に恨みを抱くことなく、一生の仕事を成し遂げる、という確信を持って厳しい試練を乗り切ったのだ。

●人の為になる事をして、生きる力を得る日々

シズ・ハヤカワ

夫が亡くなって自由になった、と言うのもおかしいですね。しかし長い間、重荷を背負い続け、「なぜ神さまは次から次へとこんなにたくさんの試練をお与えになるのだろうか」と思っていたのです。それでもアメリカに来たおかげで弟たちを学校に入れることができました。日本にいたら、女性がこんなことをするのは許されなかったでしょう。

シズはこれまでに一度も、楽な暮らしをしたことがなかった。夜が明けてから暗くなるまで、山道を通って牛乳の配達をした。九人の子供を育てるはずの両親は、まず母が亡くなり、父は癌に侵された。日本の他の少女のように、シズも、ひたすら結婚

に自分の未来を見出そうとした。アメリカに渡り、男性と結ばれることに強い好奇心を抱いたが、それは、アメリカで家庭をつくる不安な旅でもあった。結婚して十年、日本の親から支援がまったくないまま、病気に倒れた夫と寂しい生活を送ることになった。優しさや夢見るような愛とは無縁の夫婦関係だったが、「義務と責任を守る」という日本の伝統に従って、強い意志で二人の関係を守り続けた。不遇を夫のせいにしたことは一度もなく、三十年以上にわたって夫を看病し続けた。四十年を超える結婚生活の間、当初は継母とその幼い子供たちを支え、後には友人とその子供たちにも手を貸した。家族や周りの人とともに生きることに精力を注ぎ、苦しみに耐え、義務を果たすことに努め、それが報われたという確信を示すことで、半生の話を締めくくった。

人の為になることをして、皆を幸せにできることで、毎日、生きる力を持てるのです。一世たちから、こう言われます。「あなた。そんなに余計なことを、たくさんする必要はないのよ」。これまで何度も言われましたが、私は元来、働くのが好きなたちで、そうすることで活力を得ることができる。とてもありがたい、と思っています。

シズ・ハヤカワの話を聞き終わって、〝取るに足らない人生〟という第一印象をもつ人がいるかも知れない。だが、注意深くみると、彼女が語った人生の物語が、アメリカに移り住んだ多くの一世の女性の生きざまを映し出しているのが分かる。異国の過酷な環境の中で、絶えず努力を重ね、家族を食べさせ、服を着せ、育て、学ばせ、そして一国の成長と発展に力を与えた。彼女たちが日々の奮闘を続けるために、しばしば勇気を必要としたが、それを欠けば、個々の創造力によって成し遂げられるものに限度があっただろう。そのような彼女たちの人生を振り返る時、アメリカ語の「heroic（英雄的）」という言葉の定義を見直す必要がある、と強く感じる。

●信仰がなければ、一人で暮せない

イヨ・ツツイ

夫は、今（インタビュー当時）からちょうど二十一年前、一九五四年に亡くなりました。その時、私は六十歳を過ぎていました。日本には、「六十の手習い」という、ことわざありますね。子供の頃はお転婆だったのに、車の運転は絶対に習いたくありませんでした。でも、夫が亡くなって、運転する必要が出てきました。よく言いますよね。「必要に迫られて、やる」と。教習所に通い始めて八日目、先生から「試験を受けてみませんか」と聞かれ、「(失敗するのが)心配で」と言うと、「心配ありませんよ」と励ましてくれました。それで受験したら、一発で合格したのです。息子の一人が私に、新車をプレゼントしてくれました。おかげでベーコンアイランドでブドウを摘んだり、ジャガイモやアスパラガスを収穫したりできました。あんまり働いたので、汗が塩の結晶になってシャツに付くほどでしたよ。

――何年も家族のために働いたイヨが今、熱心に働くのは、自分自身のためだ。彼女は、いつも現実的だ。

働くことで、社会保障を受ける資格を得ることができる、と思いました。それと、車を運転して出かけるようになった時、私はここに一人で住んでいましたが、神を信じていたので、「何も心配することはない」と思いました。どれほど信じているか測ることはできませんが、信仰に助けられたと思っています。信仰があるから、恐れる必要はない。信仰がなければ、女性は一人で暮らせませんね。

息子の一人がメキシコ旅行を計画した時のことです。出発前、後に残る私のために、ピストルを買ってくれました。私のような年寄りも、自分の身は自分で守ることができなければならない、と考えたのです。「危ない目に遭って、他に手がなくなったら、これを使って」と言い、私を川岸に連れて行って、銃の使い方を教えてくれました。

一度、泥棒に入られそうに、でも一人暮らしに不安は無い

息子が旅行に出た後のある日の早朝、四時頃でした。犬がほえたので、窓からそっと外をのぞくと、白シャツの男が家に向かって歩いて来るのが見えました。これまで、戸締りをする必要を感じたことがなかったので、ドアに鍵をかけていませんでした。男は裏に回り、ドアをたたきましたが、黙っていました。年配の女性が一人で住んでいることを知ったら、何をするか分かりませんからね。

男はしばらくして、諦めてドアから離れ、車を入れてある納屋の方向に歩いて行きました。車にキーを差し込んだままでした。ヘッド・ライトが点灯されたのを見て「乗り逃げされる」と思い、表に出て、川の方角に銃を数発撃ち、走って戻り、農場で働いている青年に電話しました。

しばらくして、眠そうな声で電話に出たので、「誰かが家の周りをうろついているの。お

願いだからすぐ来てちょうだい」とせかすと、はっきりした声に変わり、すぐに来てくれましたが、例の男はすでに姿を消していました。彼に「こちらに来る途中で、誰かに会わなかったか」と聞くと、「会わなかったけれど、小型トラックが溝に落ちて乗り捨てられているのを見ました」とのこと。保安官に電話して調べてもらうと、その怪しい男の足跡が見つかりました。溝に捨てられていたトラックは（私の車ではなく）、役所の所有で盗難車でした。車のドアに貼ってあった役所のステッカーは、塗りつぶされていました。

それにしても、一人で住んでいて全く不安を感じなかったのですから、私はとても鈍感な人間に違いありません。昼間、何人かがやって来て、家に押し入ったこともありましたが、盗まれたのは大して価値のない物でした。不安はなく、寂しいとも感じませんでした。今はヘレン夫婦と三人の子供たちが引っ越してきて同居していますがね。

でも、日本にいた頃は一人でいるのが怖かった。ちょっと暗くなると、誰かと一緒じゃないと出かけられなかったほど。アメリカに来て、随分変わりました。とても強くなりました。父が「悪いことをしていなければ、何も恐れることはないぞ」と言っていましたが、その言葉を、今も信じています。

一九六九年に日本に一時帰国した時、姉から「あなたは言葉が多すぎる」と言われました。「言葉はいったん口から出たら取り消せない。気をつけなさい」と注意されたのです。姉は夫の親戚から一人、さらに斡旋所の紹介でもう一人、養子をとっていました。姉の家庭はとても穏やかですが、それは彼女が、波風を立てるようなことをしないからです。物質的にもその他の面でも、「とても苦労した」ということが一度もなかったのですね。

家庭教育が消える日本、でも行儀作法を三世たちに伝えたい

私は来月で八十歳（インタビュー当時）になります。先日、私より十歳ほど若い友人のムラキ夫人に「仕事をしなくなってから、何をしているの。あの世に行く用意でもしているの」と聞くと、「ツツイさん。私は忙し過ぎて、死ぬ暇もないくらいよ。やりたいことを全部する時間がないの」と言われてしまいました。「ケイロウ（日系人のための老人ホームのような施設）を交替で訪問し、一人で食事のできない人のお世話をしている」と聞いて、私もそのような仕事をしたいと常々思っていたので、羨ましかったですね。

でも私は田舎に住んでいるので、そのような事をするのは無理ですね。以前は車を運転していましたが、足の手術を受けて、お医者さんに諦めさせられました。代わりに、よく釣りをするようになりました。家の前に川があり、そこでスズキ、シマスズキ、ナマズが釣れます。時々は、娘が私のお気に入りの場所、ハイシエラに車で連れて行ってくれるの

で、釣り場までの坂道を歩いて下った後、上ったり下ったりして湖に出たりします。動き回るとか、本を読むとかしないと、じっと座っていられません。裏庭で働くか、それとも釣りをする。だから健康でいられます。筋肉が完全に縮んだら、それでおしまい、ですからね。

そうは言いますが、本当に自分がやるべき事をしているのか、時々、分からなくなります。私も、誰かを助けたい。三世たちに教えたいことがあります。人を見下すような振舞いをして欲しくない。誰でも見下げられるのは嫌ですから。お互いに助け合うべきです。家族の間では、もちろん、そうすべきですね。物を粗末にしたり無駄にしたりするのも、よくありません。誰かがそれを作るために時間をかけ、犠牲を払っているのですから。自分が持っている物に感謝すべきです。そうしたことを、いつも、子供たちに言い聞かせています。

「ありがとう」という言葉の使い方を、子供たちは知らなければなりません。一九六九年に日本に行った時、子供たちが両親を召使いのように扱っているのを見て、びっくりしました。子供が「お母さん、これ欲しい」と言うのです。戦前の日本は、そうではなかった。戦後は、皆、子どもをしつけるのを忘れてしまった。それどころか親自身が、子供のように振る舞っているように見えます。子供たちは、夕食を終えると、「ゴチソウサマ」と言って自分の部屋に行ってしまいます。誰も後片付けを手伝いません。アメリカでは、ほとんどの子供たちが、少なくともお皿を流しまで運びます。

日本で家庭教育や行儀が失われているのを不快に感じました。日本人は規律と行儀を学び直す必要があります。戦前は学校でも家庭でも、シュウシンを教えていたのです。子供たちに、小さい時から良い習慣を身に付けさせねばなりません。苦労して困難を乗り越えることを、学ばせねばなりません。精神的に鍛えることがとても重要です。それで初めて、真の人間になれるのです。苦労したことのない人たちに未来があるとは思えません。それに、私自身は、物がないことでつらい、と思ったことはありませんね。

インタビューの時点で、イヨは農場に建てられた彼女の家に息子の家族と同居していた。だが、六十代になるまで一人で自立を楽しみ、怖いとか寂しいと感じることは一度もなかった。家族のために一生懸命に働いてきたが、他の一世の女性たちと違って、自分の幸福を「子どもの成功」という尺度で測ることはなかった。

過去についてあれこれ考えます。若い頃に戻れるなら、農業はしません。ホテル経営とか、他のビジネスをしたいですね。それと、これまでずっと幸せを感じていられるのは、アメリカに来たからです。日本について、特に「日本人はあまりにも格式ばっているな」と感じる時、こちらに来て良かった、という思いを強くします。ゆとりのある、こちらでの生活のほうが好きです。日本にいたら、自分の意見を言い過ぎて、敵をたくさん作ったでしょうね。あらゆる点でアメリカ人は心が広い。国民性なのでしょう。他の人が何をしようとまったく気にしない。日本では、お隣の人がするのとそっくり同じことをしないといけませんね。そういう生き方は好きじゃない。アメリカに来て、運が良かった。でも、「自分が日本人だ」という事実は、とても誇らしく思っています。

●夫と長い巡礼の旅を続け、目的地に着いた

テイコ・トミタ

テイコの人生は波乱続きだった。少女の頃からの夢だった高校教師にはなれず、小学校の教師になった。アメリカに渡った後、慣れない肉体労働や子供を失う悲劇に出会ったが、それに耐え、〝ガマン〟の教えを実践する暮らしを続けた。苗床ビジネスをゼロから軌道に乗せるまでに十三年かかった。精を出して働き、やっと手にしたささ

やかな成功は第二次大戦の勃発で砕かれたが、戦後、ゼロからやり直すことをためらわなかった。ミネソタ州で楽な安定した仕事をしていた夫を、仕事を辞めてもう一度やり直そう、と説き伏せた。何年か後に息子たちが努力して建てた新しい家は、家族の運勢が良い方向に変わる吉兆のように見えたが、それも空港の拡張工事で強制収用されてしまった。

強制収用の機会に一軒家で娘夫婦と

自宅が強制収用されることになった時、私たちは年をとり、自分たちだけで生活することに不安を感じ始めていました。二人の孫とアパートに住んでいた娘のケイの夫婦が、一軒家に移ろうと物件を探しているのを知って、夫が「娘の家族と一緒に住む絶好のチャンスかも知れないな」と熟考の末に言いました。私も同じ考えでしたが、若い人たちには彼らなりの考えがあるだろうから、娘たちの考えを聞こう、ということになった。夫が娘に聞くと、「私はそれでいい」と答えましたが、私は「あなたの夫は赤の他人なのだから、彼に相談しなさい」と言いました。彼に気まずい思いはさせたくないし、それに彼らの将来も考えないといけませんから。そして、数日がたち、「お父さんたちの提案を歓迎します」と返事をしてきました。娘夫婦は「お父さんがとても素晴らしい人なので、一緒に住んでも何の問題も起きないでしょう」と言ってくれたのです。

私たちは一緒に家を探し始めました。老夫婦と子供のいる若夫婦がともに満足する家が必要でした。夫は二世帯が別れて暮らせる家が希望でした。新たに家を建てる時間があれば、既存の物件を探すよりも希望通りにしやすかったのですが、住んでいる家を空け渡す期限が迫っていました。運よく日系人女性の不動産仲介業者が、新しく建築が始まってい る物件があるのを教えてくれました。基礎工事は終わっていましたが、家そのものは設計変更が可能な状態でした。設計書を見ると、寝室が三つある二階建ての素敵なデザイン。大きな半地下のスペースが予定されていたので、これを、大きな浴室、台所、居間のついた二世帯用に設計変更してもらいました。

私たち夫婦が独立して暮らせるような、満足できる仕上がりになりました。お店まではちょっと遠いのですが、それでも、バスの停留所からわずか二ブロックの距離。新しいこの家に住み始めると、娘夫婦が「同じ家に住んでいるのだから、夕食は一緒にしませんか」と提案してくれたので、もちろん、賛成しました。素晴らしいことですから。私も時々、彼らのためにちょっとした料理を作りました。

この家に移ってから、夫は農場で働く必要がなくなり、ミネソタ州で働いている長男を訪ねたい、と言い出しました。これまで、そんなことを言ったことは一度もなかった。乗り物酔いをするので飛行機を嫌がり、嫌な思いをしてまで誰かのところに行こうとしませんでした。その夫が、出かける気になったので、長男の所に行くことにしました。飛行機で二時間半かかりましたが、心配していたようなこともなく、とても快適な旅でした。

飛行機嫌いな夫と一時帰国、そして穏やかな死

それに勇気づけられた夫が今度は、「日本に行こう」と言い始めました。私が「まあ、パパ、日本に帰りたくないって、ずっと言ってたんじゃなかったの」と聞くと、夫は「飛行機がそんなに大変じゃないってことが分かったから、行く気になったんだ」と言い返し、「もし俺が行かないなら、お前も行かないだろう。アメリカに五十年以上も住んでいながら、日本に帰るチャンスがなかった。来年帰ろう」と駄目を押しました。

夫は「ほとんどの親戚が亡くなっているに違いない」と思っていたのですが、日本に着いてみると、夫の姪や甥たちが歓迎してくれました。彼らもすでに六十代や七十代になっていた。私の姉妹やその子供たち、孫たちにも会いました。誰もが私たちを温かく迎えてくれました。

アメリカに戻ると、夫は満足げに「ああ、実にいい旅だったなあ。これでいつでも死ねるぞ」と言ったものです。その後、夫はだんだんと足が弱くなり、階段も上れないように

なって、体力もなくしていき、最後に、とても穏やかに亡くなりました。最後まで良く食べました。葬儀を終えて、また、娘の家族と夕食を一緒にとるようになりました。

私が亡くした子供の話をすると、「今も、あの時の痛みを引きずっている」と思う人がいるかも知れません。悲劇が起きた日には、欠かさず娘の墓を訪れ、教会に献金し、自分で祈りを捧げます。あの頃、私がどのようにして生き抜けたのか、今も分かりません。

教会に行くようになったのは、あの時からでした。苦しい事がなければ、感謝することを知ることもなかったでしょう。人生は数えきれないほどの苦労のある、実に長い旅。今の私の喜びの一つは、「子供や孫たちの心配を、もうしないで済む」ということですね。

これで夫の長い一生の話をおしまいにします。苦労と悲劇に満ちた人生でした。でも誰でも、ほとんど似たような経験をしています。明日何が起こるのか、誰も知りません。そして、今度は私の番です。どんな風に人生が終わるのか分からない。でも、必要以上に子供たちを煩わせたくはありませんね。今は何の不満もない生活を送っています。心配も、病気もありません。寂しい時は、子供たちが慰めてくれます。とても幸せです。

ある日、私は皆に、笑って言いました。「今日死んでも、それで困る人は誰もいません。いつ死んでも大丈夫です」。皆が言いました。「そんなこと言わないで。百歳まで生きなければだめですよ」。紆余曲折の多い、とても長い人生でしたが、今は、「長い巡礼の旅の末に、目的地にたどり着いた」と感じています。

テイコは、インタビューの締めくくりに、これまで話したことは、「『彼』の長い一生の物語」であり、それはすべて、自分の物語でもある、と述べた。そこには、妻である彼女の人生が「夫に付き従う人生」ではなく、「共に分かち合う人生」だった、という思いがあるように思われた。二人の人生は、「妻が夫に従う」という日本の伝統的な新婚生活から始まったが、制約の少ないアメリカで暮らす中で、関係は変わっていった。少なくとも対等なパートナーとして、つらい仕事を何年も共にしてきた。収容所での歳月は、二人に深く考える時間を与え、「互いの意見が同じ重さを持つようになる」という、もう一つの変化をもたらした。そして、「温かい、思いやりのある家庭生活」という豊かな恩恵を分かち合うことになった。テイコの最後の言葉は、わが子への誇りに満ち、深いやすらぎと心の平安にあふれ、彼女の人生の物語を心静かに祝福するのが似つかわしく思われた。

●「日本人の誇り」を持って試練を耐え抜いた

キヨ・ミヤケ

歳月が流れ、ミヤケ一家は戦後の新しい生活を始めた。キヨの説明からは、年老いてなお、アメリカ市民として学び、責任を果たし続けようとする、一世の気力が浮き彫りになった。

私たちは市民権を取るために勉強しました。一九五二年移民帰化法が施行され、人種に関係なく、誰でも市民権を申請できるようになったからです。日本語で勉強を始めましたが、英語でも理解できたので英語に切り替えました。

結局、私たちはアメリカに五十年以上も住むことになりましたね。夫は、次男と一緒にここの農場で働き、収容所から戻って八年後の一九五四年に糖尿病で亡くなりました。晩年は片方の目の視力を失いましたが、亡くなる二か月前まで働き続け、健康が優れなくなっても、人の二倍、働きました。

基礎を築いた一世、日系人であることに誇りを

五十年以上も前に手に入れたカリフォルニア州リビングストンの農場の一画にある自宅の椅子に座りながら、キヨは自分と同じ世代の人々について語った。

一世の弱みは、日系の若い人たちと意思疎通が図れないことですね。若い人たちは日本語が話せず、関心をもつ対象も一世と異なり、まるで別の世界に住んでいるようです。でも、彼らに言いたいことがたくさんあります。一世は幾多の試練を耐え抜いてきました。二世は今、とてもうまくやっていますが、その基礎を築いたのは一世です。それは一世の最も重要な業績なのですよ。

キヨは、ミレーの「晩鐘」のような生活を夢みていたことを思い出した。そして、たくさんの干しブドウをどうやったら処理できるのか悩み、毎晩、夫と熱心に議論したことをなつかしみ、収容所でソーシャルワーカーとして業績を挙げたことをうれしそうに話し、人生の物語を次のように締めくくった。

困難をいくつも経験しなければ、人生の〝クロウ〟を十分に理解することはできませ

ん。昔の日本人は、今の哲学者たちよりも、その事をもっとよく知っていた。彼らは深く理解していました。この事で、祖母とよく言い争いをしましたが、今では彼女の言ってい た事が理解できます。昔の人は、今のようなきちんとした学校に行かなかったし、たくさんの科目を勉強することもなかったけれど、生きることに関しては、たくさんの事を知っていました。太陽の動きで時間を計り、虫を観察することで多くのことを学びました。現代医学でさえ、薬草を使った昔の医術から学ぶことがあるのです。

私たちが「私は日本人です」と言う時、それは日本人の持つ良い資質を表そうとしている、と理解しています。そこから私たちは誇りを持ち始めますが、常にそれを育て続ける必要があります。いつも、孫たちに「人生で最も大切なのは、誠実、知識、健康の三つよ」と言っています。白人社会に住み、威厳を持って白人と付き合える若い日系人は、「自分たちは日本人だ」という自覚のある人たちです。自分が拠って立つところをしっかり持っていなければ、不安でしょう。自分に劣等感を抱くような日系人がいますが、彼らは自分自身を守るために必要な、しっかりしたものを持っていません。日本から海を渡ってアメリカ人となった人たちは、「遅れてアメリカに来た」という歴史的な負い目があるからこそ、平均的な白人のアメリカ人よりも、もっと高い能力を持ち、もっと自信を持つ必要がある、と感じていたのです。

一世の女性で、著名な政治家、演劇や映画のスター、有名な哲学者、大実業家になった人は一人もいない。だが、日系人がアメリカ社会に根を下すために、とても大きな貢献をしたことは、声を大にして言える。彼女たちは、「自分を表に出さない」ではなく、「何が成功に結びつくかについて、大局的な視点をもつ」という特質を、後に続く二世、三世たちに残した。彼女たちの生活は「個人的な賞賛を求めない」という美徳の証明だ。そして、彼女たちは、後に続く世代のためにしっかりとした基礎を作ったことに満足を感じている。

エツ・イナガキの話に出てくる庭師は「一個の踏み石の位置を変えるのに、何度もやり直して半日かけた」が、一世の女性たちも、いつも最善のものを得ようと努め、安楽な生き方を選ぶのを諦めることがよくあった。

一世たちの言葉は、いくつもの世代に影響を与えていく。キヨは、個人的な褒め言葉として受け取られないように、ためらいがちに告白し、人生の物語を締めくくった。

誰にも一度も言ったことがないのですが、私は、一世の女性たちに、とても感銘を受けています。

訳者あとがき

本書は、米国在住日系人のＮＰＯによる「一世の口述による歴史記録プロジェクト（The Oral History Project）」の一環として、日系三世のアイリーン・スナダ・サラソーン女史が中心になってまとめ、アメリカで発刊した二冊の本、男性一世中心の「The Issei: Portrait of a Pioneer」とその姉妹版で女性一世の「Issei Women: Echoes from Another Frontier」のうち、二冊目の日本語訳である。一冊目の日本語版は筆者が翻訳し、「The Issei パイオニアの肖像」のタイトルで第二次世界大戦勃発から五十周年の一九九一年に発行した。後者の日本語版である本書は、それからほぼ四半世紀後、大戦終戦七十周年の二〇一五年に合わせて、「証言・渡米一世の女性たち―明治、大正、昭和―日米の狭間に生きて」のタイトルで出版にこぎつけた。

「一世の口述による歴史記録プロジェクト」と筆者の関係は、一九九一年に筆者が読売新聞の記者として米国務省の招待を受け一か月にわたってアメリカを視察旅行した際、日系人が多く住むカリフォルニア州サクラメントで、このプロジェクトに長年携わっておられたアサコ・トクノ女史とお会いしたことに始まる。当時、一冊目が米国内で発行されたばかりで、「ぜひ、日本の方々にも読んでもらいたい」と日本語訳出版の相談を受け、読売新聞社（当時・現読売新聞東京本社）から発行した。

その七年後、今回翻訳した「Issei Women」がアメリカで発行されたが、新聞記者の〝本業〟が多忙を極め、翻訳に手が付かないまま、歳月が流れた。だが、渡米一世の女性たちの苦難と奮闘の肉声による記録は日本に住む私たちにとっても風化させてはならない、歴史的にも高い価値をもつものであり、いつか必ず、日本語訳にして残したい、という思いは消えず、今回、終戦七十周年を迎えた機会をとらえ、友人の田中典子氏という心強い翻訳協力者を得て発行に至った。刊行を引き受けてくれた「燦葉出版社」の白井隆之社長に心から感謝する。

なお、版権について一言述べておきたい。原書の版権は編者のアイリーン・スナダ・サラソーン女史が中心となった「一世の口述による歴史記録プロジェクト」が保有していたが、女史と連絡を取った結果、「版権をもっていた同プロジェクトは数年前に解散している。以前、南條氏が日本語版を『The Issei パイオニアの肖像』のタイトルで翻訳出版された際に、南條氏にプロジェクトから許可を出しているので、今回も、南條氏が翻訳出版されるのであれば、了解する」との回答をいただいた。サラソーン女史のご理解、ご厚意に感謝したい。

ここで、本書の中心テーマである第二次大戦を契機とした日系人の強制退去、強制収容所への収容の経緯などについて、ここで若干解説しておきたい。

日本海軍が真珠湾を攻撃した一九四一年十二月七日（現地時間）から間もなく、米政府は、日系アメリカ人を「敵性外国人」として収容所に強制収容することを計画、大統領令により翌一九四二年二月から、カリフォルニア州、ワシントン州、オレゴン州など米西海岸の州を中心に、日系アメリカ人約十二万人を強制退去させた。米陸軍、ＦＢＩ、地元警察によって住まいを追われ、米政府の戦時転住局が同年五月から十一月にかけて砂漠地帯や人里離れた荒野に作った十か所の収容所に入れられた。収容所が完成するまでの間は、競馬場の厩舎や体育館などを改造した臨時収容所に短期間収容され、その後に収容所に連れて行かれた。日系人たちは退去のために十分な時間も与えられず、持っていけるのは手荷物だけ、長年苦労して手にした自宅、店舗、農場、会社などの資産を安く買いたたかれたり、放棄を余儀なくされる者も多かった。

移送された収容所は、急ごしらえの粗末な居住用の木造長屋を中心に食堂、売店、学校、診療所、教会などで構成され、収容所の敷地内の移動は自由だったが、外部での労働、診療所で対応できない病気、怪我の治療を受けるための病院通い以外は、敷地内から出ることは原則認められなかった。本書には出てこないが、特に当初は衛生管理が整わず、食中毒などが多発したようだ。また、仕事も社会的地位も、行動の自由も奪われた不満から、ハンガーストライキや暴動も起き、殺人や盗難も多発、収容所から逃亡しようとして射殺された例もあった、という。

また、米政府は一九四三年になって、徴兵者の増加による国内の労働力不足に対処する一環として、アメリカに忠誠心を示した収容者を、西海岸から離れた場所に住み、働くことを条件に出所させる計画を立て、十七歳以上を対象に「出所許可申請書」という名称で、忠誠心調査を実施した。内容は「命令を受けたら、どのような地域でも米軍の戦闘任務に服するか」「合衆国に忠誠を誓い、国内外におけるどのような攻撃に対しても合衆国を忠実に守り、日本国天皇、外国政府・団体への忠節・従順を否定することを誓うか」の二問。いずれにもYesと答えた者が八割を超えたというが、日本で生まれ日本国籍を持っていた一世で無国籍になることを恐れた者、天皇崇拝者、日本が勝つと信じていた者、収容所に安住したい者などは、いずれの質問にもNoと答え、収容所によっては若者たちが反発し、抗議デモをして検挙される事態も起きた。

一九四五年八月十五日に日本が降伏し、日系アメリカ人と日本人移民に対する強制収容の必要性がなくなったため、収容所は十月から十一月にかけて閉鎖され、収容者は退去を命令された。しかし、多くの人は、仕事や家、その他の財産のほとんどを放棄させられており、社会復帰は困難を極めた。しかも、アメリカ国民であるにもかかわらず、旧敵国である日本にルーツを持つということだけを理由に、一九五二年の新移民法施行まで、市民権さえも剥奪され続けた。

米政府の差別政策に対する自己批判や、日系米人初の国会議員、ダニエル・イノウエ氏（第四四二連隊戦闘団の一員として第二次世界大戦に従軍し叙勲された）ら日系米人議員や日系アメリカ人団体の地道な運動を受けて、一九七六年、フォード大統領（以下いずれの大統領も当時）が、強制収容は「間違い」であり、「決して繰り返してはいけない」と公式に発言。これを受けて、一九七八年、日系米人市民同盟が米政府に対して、謝罪と賠償を求める運動を開始し、①米政府は強制収容された日系米人に一人二万五千ドルを賠償し、公式に過ちを認めること②米連邦議会も謝罪すること③強制収容について正しい歴史教育を行うための基金を設立すること、の三つを要求した。

これに応じる形で、カーター大統領が設置した「日系人強制収容所の実態調査委員会」が一九八三年に報告書をまとめ、強制収容は「軍事的に必要なかった。人種差別に基づいた正義に反する行為だ」と断罪し、存命中の元収容者約六万人に対して、一人二万ドルの補償金を支払うよう議会に勧告した。

五年後の一九八八年にレーガン大統領が、「日系米人補償法」（通称）に署名。「日系米人の市民としての基本的自由と憲法で保障された権利」を侵害したことを謝罪するとともに、生存者に対し、一人二万ドルの損害賠償を決め、日系米人や日本人に対する強制収容についての教育を米国内の学校で実施する教育基金を設けた。賠償金は一九九九年までに総額十六億ドルが八千二百二十一人に対して支払われ、日系人強制収容に対する米政府の謝罪と賠償を終えた。

言い換えれば、本書の原本が出版された一九九八年の翌年まで、謝罪と賠償の問題の決着に半世紀余りを要したのである。さらに、この後、ロサンゼルスの郡参事会が一九四二年の日系人の収容を求める決議を取り下げたのは、今から三年前の二〇一二年六月だ。決して〝遠い過去〟の問題ではない。

なお、翻訳に当たり、本書の原文を何度か読んで、日本の歴史、習慣などに知識の無い米国の読者のために、明治の日本での一世の幼少期の話や説明がかなり多くなっていること、同様の趣旨から、インタビューした当人の話とその間に挟み込まれる編者の解説が同じパラグラフに書き込まれていることなど、日本の読者にとって若干の読みにくさがあることに気が付いた。このため、原文で一世の日本での生活の回顧が大要を占める第一章をコンパクトにまとめて、第二章と合体させて第一章とし、また、当人の話と解説を別立てにし、解説部分と当人の「肉声」の部分が明確になるように、若干の手を加えさせていただいた。

用語については、日系人が収容された施設の名称で、英語の原文では、米政府の表記に倣って、臨時に収容した施設を assembly center、終戦まで使われた施設を relocation center としている。『The Issei パイオニアの肖像』では、これを直訳して「戦時転住センター」としたが、一世たちが実際に収容された施設は、本文にもあるように、一時収容施設は、競馬場の中の厩舎に板を張ったりした人間の住まいとは思われないものもあり、恒久的な施設も、粗末な板張りの〝バラック〟を並べ周囲を柵で囲むなど、日本語で通常使われている「センター」には程遠いもので、読者に誤解を与えかねない、との懸念を持った。そこで、今回は、より実態に近い表現として、臨時の施設は「臨時収容所」、恒久的な施設は「収容所」という日本語訳で統一した。以上、ご理解いただきたいと思う。

南條俊二

七十年目の終戦記念の年、二〇一五年秋　東京郊外の陋屋にて

編者

アイリーン・スナダ・サラソーン

第二次世界大戦中の一九四三年、カリフォルニア州在住の日系人が収容されていた同州ツールレイクの戦時転任センター内で、二世の子、つまり三世として生まれる。カリフォルニア大学バークレー校を卒業後、平和部隊に入り、エチオピアで働いた。九一年、カリフォルニア州立サクラメント大学から、M・Aを受けた。サクラメント市立大学講師（原書出版時）。

訳者略歴

南條俊二

一九四六年、神奈川県生まれ。上智大学外国語学部英語学科卒業後、読売新聞東京本社入社。編集局経済部、外報部（現国際部）ロンドン総局特派員などを経て、経済部次長から、論説委員（国際経済、経済協力、産業政策担当）となり、論説副委員長を経て、読売新聞東南アジア地域発行総括兼YNIS（タイ）社長、帰国後、独立行政法人・国際協力機構（JICA）客員専門員。兼務で上智大学文学部新聞学科非常勤講師。現在、公益財団法人・世界平和研究所・研究顧問関税・外国為替審議会、産業構造審議会など政府の各種審議会の委員を務めた。
著書に『なぜ「神」なのですか』（燦葉出版社）のほか、共著で日本国際フォーラム叢書『ストップ・ザ・日米摩擦』（三田出版会）、企画・編纂で『ピタウ大司教自伝・イタリアの島から日本へ、そして世界へ』（上智大学出版）、訳書に『教皇フランシスコの挑戦・闇から光へ』（春秋社）『Ｔｈｅ一世・パイオニアの肖像』（読売新聞社）など。

田中典子
一九四三年、栃木県生まれ。学習院大学イギリス文学科卒業語後、会社員、通訳ガイド、海外添乗員などを経て専門学校教員。現在は翻訳業など。

カバー画：“Picture Bride” from Henry Sugimoto Collection
Copyright©: Japanese American National Museum (Los Angeles)

証言 渡米一世の女性たち （検印省略）

2015年12月20日 初版第1刷発行

編 者 アイリーン・スナダ・サラソーン
訳 者 南條 俊二・田中 典子
発行者 白井 隆之

発行所 燦葉出版社 東京都中央区日本橋本町 4-2-11
電話 03(3241)0049 〒103-0023
FAX 03(3241)2269
http://www.nextftp.com/40th.over/sanyo.htm
印刷所 (株)ミツワ